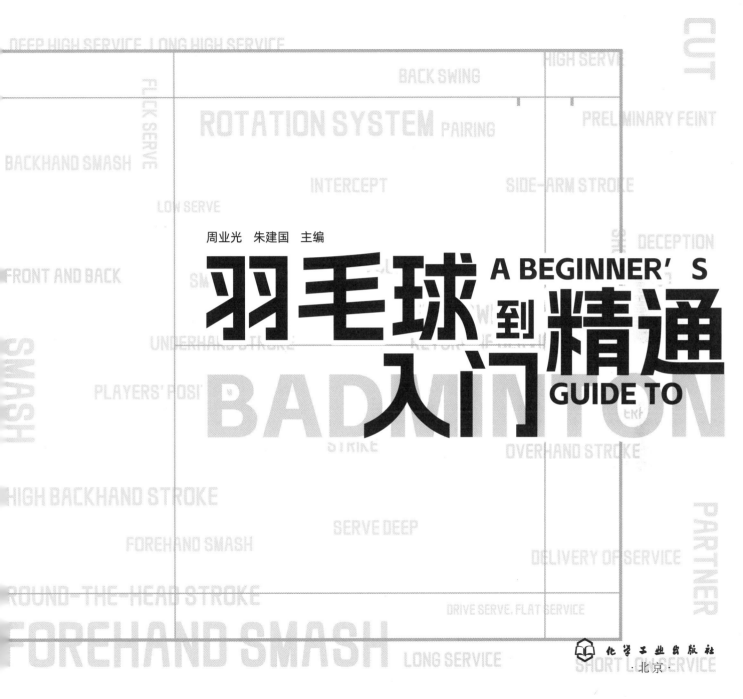

周业光　朱建国　主编

羽毛球入门到精通

A BEGINNER'S GUIDE TO

化学工业出版社
·北京·

内容简介

《羽毛球入门到精通》是一个阳光帅气的学长，兴致勃勃地为你讲述羽毛球的规则和知识，带你体验训练的严谨和比赛的刺激。

《羽毛球入门到精通》也是一个活泼有趣的学妹，喜欢与你分享羽毛球生活的日常，也爱挖掘各种与羽毛球有关的趣事。

《羽毛球入门到精通》主审为2008年北京奥运会羽毛球竞赛主任任春晖，主创团队包括奥运冠军李雪芮、自媒体达人王小羽，以及来自专业体育院校的学者、传统体育媒体的记者和羽毛球裁判等羽毛球相关从业者。

《羽毛球入门到精通》用"原创漫画+真人示范+详解视频"的方式，先跟你聊聊羽毛球的前世和今生，再和你说说装备怎么选，实用的技战术有哪些，以及热身和放松的方法，运动损伤的防护与康复，体能提升方案，规则的细节，办比赛的套路等，它既是一本深入浅出的教材，也是一本悦心有趣的随身口袋书。

图书在版编目（CIP）数据

羽毛球入门到精通/周业光，朱建国主编. —北京：
化学工业出版社，2023.7
ISBN 978-7-122-43385-5

Ⅰ.①羽…　Ⅱ.①周…②朱…　Ⅲ.①羽毛球运动-基本知识　Ⅳ.①G847

中国国家版本馆CIP数据核字（2023）第075011号

责任编辑：宋　薇
责任校对：边　涛

出版发行：化学工业出版社（北京市东城区青年湖南街13号　邮政编码100011）
印　　装：北京宝隆世纪印刷有限公司
880mm×1230mm　1/24　印张10¾　字数451千字　2023年10月北京第1版第1次印刷

购书咨询：010-64518888　　　售后服务：010-6451 8899
网　　址：http://www.cip.com.cn
凡购买本书，如有缺损质量问题，本社销售中心负责调换。

《羽毛球入门到精通》读后记

读到《羽毛球入门到精通》样稿时，我有如同读张中行先生《禅外说禅》一样的喜悦。

《羽毛球入门到精通》的主创者周业光先生是复旦大学数字与移动治理实验室副主任，主要研究方向是体育数据开放。他曾担任过江苏电视台体育频道的记者、制片人，虽参与过多届奥运会、亚运会、全运会等国内外重大体育赛事的报道，但总非羽毛球界内人士。周业光先生可谓是，羽毛球界外说羽毛球的第一人了。

虽说是羽毛球外说羽毛球，但是由于周先生过人的学养和人脉，在他的《羽毛球入门到精通》创作团队中，还是聚集了多业界精英，如2012年伦敦奥运会羽毛球女子单打冠军、重庆大学体育学院副教授李雪芮，2008年北京奥运会羽毛球竞赛主任任春晖等。

张中行先生说，站在圈外说事有"旁观者自由，可以怎样想就怎样说"，可以"不偏不倚"更"客观""近理"。这与"不识庐山真面目，只缘身在此山中"是一个道理。界中的人往往是看不清"真面目"或全面目的。只有站在界外的人，才能横看、侧看、远看、近看，看出个中三昧，说出界中的真谛。既有站在圈外的明白、自由又有置身圈内的精英人士加持，才有了这本《羽毛球入门到精通》，这是一本把羽毛球运动说得更加全面、透彻、易懂的百事通绘本。

周业光先生带领他的团队，设置了百余个引人入胜的问题，把羽毛球的前世今生、运动特点、健身价值、专项技战术、专项身体素质、比赛规则、竞赛组织、参赛热身与放松、运动营养与康复、器材装备等羽毛球运动诸多专题串联起来，再用视觉丰富的绘画图片和风趣通俗的文字予以解读。如果，你正襟危坐，捧着《羽毛球入门到精通》，按页顺码一章章、一节节、一句句、一字字地读下去，你一定会被作者所设置的问题，一步步带进羽毛球富丽的殿堂，并乐于投身其中，探究羽毛球运动的奥妙。如果，你把《羽毛球入门到精通》置于案头或床头，随意翻阅或执意检索，你会体验到一种特有的通过阅读达成解惑的愉悦。我相信，《羽毛球入门到精通》一定会受到业内外读者的热烈欢迎。

以上就是我在梵净山脚下，读《羽毛球入门到精通》后，喜悦心情的记叙。启功先生说"凡是序都是读后写的"，否则就是"自欺欺人"！所以，我就把这篇"《羽毛球入门到精通》读后记"权充为序，免遭老先生的责骂。

 林传潮

2023 年 4 月 10 日于 烹洗轩

前言
PREFACE

羽毛球在国内有广泛的受众，地域分布较广，年龄分布均衡，男女比例相当，业余赛事众多。

羽毛球作为一项竞技体育项目，它的规则该如何解读？羽毛球相关的专项能力该如何提升？羽毛球的技战术该如何习得和执行？羽毛球赛事该如何组织？这都是很多球友关心的话题。同时作为社交活动和日常生活的一部分，羽毛球有哪些有趣的历史文化可追溯？羽毛球的装备该如何选择？羽毛球的信息该如何获取？这些有趣且有用的知识也是很多球友希望了解的。

《羽毛球入门到精通》以绘本的形式，整编了一百多个有趣的问题，为羽毛球爱好者梳理了羽毛球的历史、规则、装备、专项素质、技战术、热身与放松、营养与康复、赛事组织等相关内容，希望能给大家提供日常训练的参考，也希望能帮助大家了解羽毛球场内外的更多内容，让羽毛球成为健康快乐生活的一部分。

本书的主审为 2008 年北京奥运会羽毛球竞赛主任任春晖，主创人员为上海体育大学、南京体育学院、江苏省广播电视总台的学界、业界人士。感谢 2012 年伦敦奥运会羽毛球女子单打冠军、重庆大学体育学院副教授李雪芮，2012 年伦敦奥运会女子击剑团体冠军、前江苏省羽毛球队领队、南京体育学院副教授骆晓娟，以及自媒体达人王小羽及其团队对本书提供的支持。同时感谢尤尼克斯（上海）体育用品有限公司对本书提供的服饰装备及技术支持，感谢贵州省锦屏县亚狮龙羽毛球博物馆提供的珍贵历史资料，感谢方建军先生、李惠英女士、刘保先生、彭艳萍女士、吴扬先生、杨永先生、张煜女士（按姓氏拼音排序）对本书第二章提供的技术支持和专业审核，感谢梁鑫先生对本书第五章提供的技术支持，感谢江苏唯宝运动医学康复诊所对本书第七章提供的技术支持，感谢姬新城先生对本书第十章提供的技术支持，感谢赵建伟先生对本书提供的技术支持和专业审核。

本书编者团队：陈宸、陈祺康、樊同旺、冯俊翔、韩东洋、何溢、寇程、李雪芮、李燕、骆晓娟、米中伟、孙浩、王思睿、阎晋虎、尤铭、周业光、周业涛、朱建国（按姓氏拼音排序）。美术编辑团队：陈敏涵、曾怡、周喆、朱晓蒙（按姓氏拼音排序）。感谢大家能将所学之长汇聚成册，也感谢大家在集体创作中保持着对体育的新鲜感。

希望能有更多人可以从体育中得到乐趣，也希望体育展现出普通人生的别样精彩。

限于作者时间和精力，书中若有不妥之处敬请指正。

编 者

2023 年 7 月

羽毛球入门到精通

A BEGINNER'S GUIDE
TO BADMINTON

目录
CONTENTS

Chapter 1

History of Badminton and the
Development of the Sport

第一章

羽毛球的前世和今生

hi~

大家好，我是小米~

你知道羽毛球运动从何而来吗？最早的羽毛球用的是什么毛？最早的球场是什么形状？最早的球拍是什么样？羽毛球的发明是出于什么目的？羽毛球是贵族运动吗？本章就和大家一起来看看羽毛球的前世和今生。

现代板羽球

第一节　羽毛球从何而来

羽毛球为何叫"Badminton"？

多项研究表明，羽毛球的起源极有可能和另外一种运动——板羽球有关。虽然现在的板羽球和羽毛球已经变成了两个不同的球类运动，但很多学者认为羽毛球的前身就是板羽球。

18 ~ 19 世纪

英国 WARRNTED 公司制造的球拍，球网用料为天鹅绒，木框用皮革包裹，非常考究。

据《大不列颠百科全书》记载，"原始的羽毛球游戏活动至少于两千年前在中国、日本、印度、泰国、英国、瑞典等国就流行了"。只不过由于文化和语言的差异，大家对这项运动的命名不同，我国叫"打鸡毛球"或"打手毽"，印度称为"普那"（Poona），英国、瑞典、丹麦等国称为"毽子板球"（Battledore and Shuttlecock），法国称为"羽毛球"（Feather ball）。由于这些运动和板羽球极为相似，我们可以称之为"古代板羽球"。那这种板羽球是如何逐步发展成羽毛球的呢？有学者认为古希腊人对其进行的改革最为关键。

古希腊人将实木板拍改为木制外框，并在中间绑着紧绷的羊皮，这样就形成了有弹性的"球网"，从而使球更容易被拍打。这种改良的游戏逐步向世界各地传播，并融入了很多当地特色。

虽然羽毛球的原型可以在世界上很多地方找到踪迹，但现代羽毛球却起源于英国。1870 年，在英国格拉斯哥郡的伯明顿镇有一位叫鲍弗特的公爵在他的领地开游园会。有几个从印度回来的退役军官向大家介绍了一种隔网用拍子来回击打毽球的游戏，这种游戏中也开始出现羽毛球规则的雏形，而那时的活动场地是葫芦形的，两头宽中间窄，窄处挂网。

这种在伯明顿镇兴起的羽毛球游戏得到了很多人的喜爱，并迅速在英国的上流社会流行开来，甚至逐渐风靡到欧洲各国。当时只有贵族或上流社会人士才可参与，可以说，现代羽毛球的确是"贵族运动"。因为现代羽毛球来自于伯明顿镇（Badminton），所以羽毛球的名字就定为"Badminton"，而不是"Feather ball"了。

羽毛球的由来

羽"毛"球用的是什么"毛"？

羽毛球的进化中都使用过哪些羽毛？最早的羽毛球又长成什么样？

在14～15世纪，日本人在樱桃核上插上羽毛做成羽毛球，但这种球由于不够坚固而且飞行速度缓慢，所以并没有流传下来。

18世纪左右，印度人发明了一种新球，这种球用直径为6厘米的硬纸板做成，中间设有小孔，在羽毛的衬托下，也成为名副其实的羽毛球。

1840

到了1840年，印度人进一步将羽毛球改造成35根羽毛，不过球速并不快，而且也不稳定。

1860

1860年，法国人进一步升级了羽毛球，球呈桶状，20根羽毛插于皮套覆盖的软木上，这种羽毛球要比现在的羽毛球大2倍。

1890

1890年，英国Siazonger&Sons公司制造出了16根羽毛的羽毛球，球托为软木制成，球托织物为亚麻丝材料。

1910

为了追求耐打和稳定性，出现了"换毛"方案。1910年，天然棕榈纤维的羽毛球问世，但形状不固定且飞行不稳定，没能推广下去。

1920

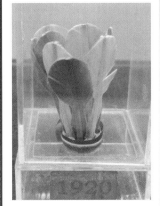

制造商还尝试减少羽毛的数量。1920年，8根羽毛组成的羽毛球出现了，这是第一个使用橡胶作为球托的羽毛球。

1925

为了解决原材料不足的问题，1925年英国Aandwich公司使用了黑色羽毛，一些厂家还将脏了的羽毛染色，制成"彩色羽毛球"。

1840 1860 1920 1940 BADMINTON 1925 1910 1890 1932

1932

1932 年亚狮龙公司制造的羽毛球，使用绿色"围脖"增加了羽毛球的辨识度，这个改革也沿用至今。

1940

为了追求飞行的稳定性，毛片被修剪成流线型，更符合空气动力学。1940 年，采用强化胶水固定将羽毛、球托、绒线进行多层包裹，获得了更好的耐打性。

上述图片来源于贵州省锦屏县亚狮龙羽毛球博物馆

在羽毛球的发展史上，鸡毛、鸭毛、鹅毛甚至棕榈毛都先后登场过，最终鸭毛和鹅毛成为主流，并一直延续至今。

GUINNESS WORLD RECORDS

565 Km/h OR 438 Km/h **?**

羽毛球是速度最快的球类项目吗？

2023 年 4 月 14 日，新的吉尼斯世界纪录男性和女性羽毛球击打时速最快纪录诞生。印度运动员萨维克赛拉吉·兰基雷迪以 565 公里 / 时（约 351 英里 / 时）的速度创造了男性羽毛球击打时速最快纪录，这比 2013 年马来西亚运动员陈文宏创造的前纪录 493 公里 / 时（约 306 英里 / 时）高出 72 公里 / 时（约 45 英里 / 时）。同时，马来西亚运动员陈康乐以 438 公里 / 时（约 272 英里 / 时）的惊人速度创造了女性羽毛球击打时速最快纪录。她也成为该项目的第一位女性吉尼斯世界纪录保持者。

这些记录表明，与吉尼斯世界纪录中的其他最快速度相比，羽毛球的速度明显快于其他球类运动，甚至快于一级方程式赛车。羽毛球的最高速度比"复兴号"列车的最高运行时速（400 公里 / 时）还要快。需要指出的是，这里的速度是球拍击打后羽毛球飞出的瞬时速度，并非羽毛球在空中的平均飞行速度。如果仅就击打的瞬时速度而言，羽毛球的确是速度最快的球类项目。

羽毛球的破坏力

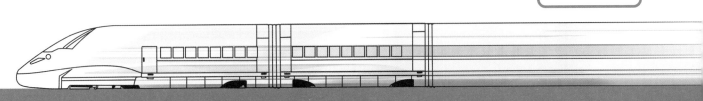

羽毛球拍越变越轻了吗？

　　球拍的进化主要有两个方面，一是球拍外形结构上的变化，二是材料科技的不断革新。球拍材料的进化历程是：木拍—铁拍—铝拍—碳拍。两千多年前羽毛球运动诞生时，虽然形态和现代羽毛球拍有较大差距，但其球拍的材料就已经是木质了，木拍一直强势至二十世纪六七十年代，可以说木拍统治了两个世纪。

1893 年

产自英国的木拍

　　二十世纪七十年代，铁质中杆替代了木质中杆，球拍更轻巧，挥拍速度更快，随后电镀中杆、流线型拍身和烤漆工艺流行，球拍风阻更小，挥拍速度更快。而后铁拍和铝拍先后出现，但并未占据历史潮流，很快被碳素拍取代。

二十世纪六十年代的国产名牌

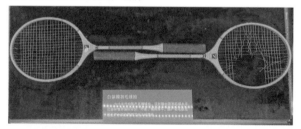

——白翎牌木拍

　　木拍看似简单，但其制作工艺其实非常复杂，牵扯到木材的切削、黏着、烘烤、弯曲成形、涂装、补强等过程。由于木材在密度和刚性上的缺陷，使得拍面不能太大，发球速度受限（在 160 公里 / 时以下）。虽然木拍有容易受潮变形等缺点，但真正淘汰木拍的是其重量、性能和制造成本。

二十世纪六七十年代的国产名牌

——长城牌木拍

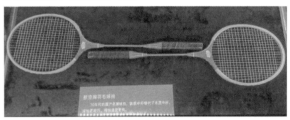

二十世纪七十年代的国产名牌

——航空牌木拍

因为过重使得木拍的拍面大小无法突破，而为了迎合需求，木拍必须用碳纤维增加强度，这使得其综合制造成本与铝拍相近。成本相差无几，但扭力等性能却更差，由此，木拍逐渐走向潮流末端。

随着碳纤维复合材料的制备技术愈加成熟，重量更轻、弹性更大、硬度更强的新材料逐渐成为球拍的主流。当然，由于木材在减震性和手感上的优势，使得目前主流球拍仍然保留了在手柄上使用木质材料的传统。

球拍的轻重是相对的，球拍克重并非追求极致的轻，除了重量之外，球拍的综合性能越来越好，这也造成了如今羽毛球的平均球速已经远远高于木质球拍时期。但越来越快的球速是否带来更好的观赛体验？高球速是否让技术打法趋于单一？是否给运动员带来更多伤病隐患？这也值得探讨。

羽毛球场地一直都是长方形的吗？

1870 年，鲍弗特公爵在英国伯明顿镇上举办的第一场羽毛球比赛中，用的是一个葫芦形的场地，为何是葫芦形呢？

当时的游园会突遇大雨，众人在客厅躲雨时，几名曾经在印度工作的军官向大家介绍起当时印度流行的毽球游戏，而当时流行的客厅分为内厅和外厅，中间是一个没有门的隔断，刚好充当球网，所以就成了葫芦形的球场。

到了十九世纪末二十世纪初，在正式比赛时才改成了长方形的场地。

最早的羽毛球场地是什么形状

1870年的葫芦形羽毛球场地

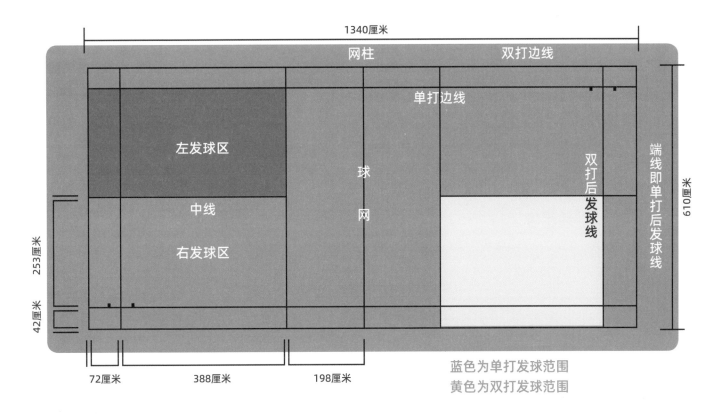

蓝色为单打发球范围
黄色为双打发球范围

　　羽毛球场地也是逐渐进化的，由原来的草地、泥土地，变成煤渣地、水泥地以及木地板，最终变成了塑胶场地，并沿用至今。

　　如今的羽毛球场地是一个被球网平均分开的长方形场地。长 13.4 米，宽 6.1 米。中央的网柱高 1.55 米，球网宽度为 0.76 米，球网长度为 6.1 米。与传统的木地板场地、水泥场地相比，铺设在弹性运动木地板上的塑胶场地不仅耐磨防滑，更能减少球员的运动损伤。

第二节　羽毛球成长大事记

1877年

第一本羽毛球比赛规则在英国出版

1893年

在英国成立了世界上第一个羽毛球协会

成立了国际羽毛球联合会（简称国际羽联），总部设在伦敦

1899年

英国羽毛球协会举办了第一届"全英羽毛球锦标赛"，每年举办一次，沿袭至今

1934年

国际羽毛球联合会通过了各会员共同遵守的《羽毛球竞赛规则》

1939年

国际羽毛球联合会创办了汤姆斯杯羽毛球赛,是世界上最高水平的男子羽毛球团体赛

1948年

国际羽毛球联合会创办了尤伯杯羽毛球赛，是世界上最高水平的女子羽毛球团体赛

1956年

1978年

成立了世界羽毛球联合会，总部设在曼谷

国际羽毛球联合会与世界羽毛球联合会合并，统称为国际羽毛球联合会，为羽毛球进入奥运会扫除了障碍

1981年

国际羽毛球联合会重新恢复了中国在国际羽联的合法席位

1981年

1988年 汉城奥运会上羽毛球被列为表演项目

国际羽毛球联合会创办了苏迪曼杯羽毛球赛，又称世界羽毛球混合团体锦标赛，是世界上最高水平的混合团体赛

1989年

巴塞罗那奥运会上羽毛球被列为正式比赛项目，竞赛项目有男子单打、女子单打、男子双打、女子双打

亚特兰大奥运会上增设混合双打，至此，奥运会羽毛球项目有5个单项

1992年

2006年

2018年

国际羽毛球联合会改名为羽毛球世界联合会，沿用至今。目前羽毛球世界联合会有159个成员

1996年

2012年 伦敦奥运会上中国队包揽五枚金牌

世界羽联推出世界羽联世界巡回赛，分为两个等别赛事，其中第二等别赛事分为6个级别。每项赛事均包括男子单打、女子单打、男子双打、女子双打和混合双打五个项目

世界羽联推出户外羽毛球（Airbadminton）

2019年

1877—2019

世界羽毛球发展有哪些里程碑？

最古老的羽毛球赛事有哪些?

羽毛球没有进入奥运会以及羽毛球单项世锦赛问世前,全英羽毛球锦标赛一直是羽毛球单项的至高荣誉殿堂。其光环一直延续至今,如今也是世界级球员非常看重的顶级赛事。全英羽毛球锦标赛的历史上出现过很多明星,乔治·汤姆斯爵士就是其中的一位。

乔治·汤姆斯爵士

乔治·汤姆斯爵士在 1901 年首次出现在全英公开赛上,之后他曾连续四届获得男子单打冠军,也获得过混合双打和男子双打冠军。他是国际羽毛球联合会第一任主席,对普及羽毛球运动做出了卓越的贡献。现在的汤姆斯杯羽毛球赛即世界男子羽毛球团体锦标赛,就是以他的名字命名的。

尤伯杯

贝蒂·尤伯是全英公开赛卓越的女性代表之一。来自英国本土的她于 1930 年至 1940 年期间叱咤全英公开赛,共获得 1 个女单冠军、4 个女双冠军和 8 个混双冠军。现在的尤伯杯羽毛球赛即世界女子羽毛球团体锦标赛,就是以她的名字命名的。

汤姆斯杯

贝蒂·尤伯

与汤姆斯杯羽毛球赛和尤伯杯羽毛球赛齐名的另一项国际赛事是苏迪曼杯羽毛球赛，又称世界羽毛球混合团体锦标赛。该项赛事于 1989 年开始举办，两年一届，在奇数年举行。比赛采用五场三胜制，由男子单打、女子单打、男子双打、女子双打和混合双打共五个项目组成，是代表羽毛球整体水平的最重要的世界大赛。

苏迪曼杯的名字来源于"印度尼西亚羽毛球之父——迪克·苏迪曼"。苏迪曼先生倡导并助力印度尼西亚羽毛球协会诞生，连续 22 年当选印度尼西亚羽毛球协会主席，同时他在任职国际羽联副主席期间，积极推动国际羽毛球事业发展，并于 1981 年促成国际羽联和世界羽联合并，结束了世界羽坛分裂的状况。苏迪曼杯是印度尼西亚羽毛球协会代表本国人民向国际羽毛球联合会捐赠的一座奖杯。

最早的世界羽毛球锦标赛是由国际羽联于 1977 年在瑞典举办的，该赛事设立了男子单打、女子单打、男子双打、女子双打和混合双打五个项目。以后每三年举办一次，第三届后改为每两年（奇数年）举办一次。世界羽联于 1978 年在曼谷，1979 年在杭州分别举办了第一、二届世界羽毛球锦标赛。1981 年国际羽联与世界羽联合并后，世界羽毛球锦标赛由合并后的国际羽联举办，世界羽毛球锦标赛的届次从 1977 年的第一届算起。

如今的世界羽毛球赛事体系包括奥运会羽毛球赛、汤姆斯杯羽毛球赛、尤伯杯羽毛球赛、苏迪曼杯羽毛球赛、世界锦标赛（设 5 个单项）、世界巡回赛、世界青少年团体赛、世界青少年锦标赛和各大洲赛事等。

中国队于 2018 年夺得汤姆斯杯第 10 冠，2021 年夺得尤伯杯第 15 冠，2023 年夺得苏迪曼杯第 13 冠，中国队保持了尤伯杯和苏迪曼杯夺冠次数最多的纪录，汤姆斯杯的夺冠纪录由印度尼西亚保持，为 14 次。

苏迪曼杯

第三节　羽毛球的中国情缘

二十世纪初，现代羽毛球从欧美传入我国的上海、福州、天津、北京、成都等城市。当时的一些外国传教士、商人、军人等在留驻期间常通过羽毛球进行强身健体和休闲娱乐，随后通过一些教会学校和俱乐部传入社会，让很多平民百姓接触到了羽毛球。

二十世纪三十年代，开始出现埠际比赛。新中国成立后，1949 年我国翻译并开始在全国推行统一的竞赛规则。1953 年在天津举行的全国四项球类运动会上，羽毛球第一次被列为我国综合性运动会的比赛项目。从 1956 年开始，全国性的羽毛球赛每年举行一次（男子单打、女子单打、男子双打、女子双打）。1958 年，中国羽毛球协会成立。

谁是二十世纪的羽坛顶流？

二十世纪中国羽坛名将辈出。1978 年庾耀东在世界羽联主办的第一届世界羽毛球锦标赛上获得男子单打冠军，成为我国第一个羽毛球男单世界冠军，同时他还与侯加昌合作获得男双冠军。我国选手张爱玲获得女单冠军，同时她和李芳还获得了女双冠军。

二十世纪国际羽坛涌现出"四大天王"，即赵剑华、杨阳、弗罗斯特、苏吉亚托。其中杨阳是汤姆斯杯、世锦赛、世界杯、全英赛四大冠军的大满贯第一人，而赵剑华也获得了汤姆斯杯、世锦赛、世界杯、全英赛的冠军，还曾获得两届亚运会的冠军。此外，杨阳、赵剑华、熊国宝也被称作"中国羽坛三剑客"。

二十世纪八十年代，中国出现了一位"羽坛皇后"——李玲蔚。她是世界羽毛球史上第一个集世锦赛、世界杯、全英公开赛和世界系列大奖赛总决赛金牌于一身的女子单打羽毛球运动员。李玲蔚现任中国奥委会副主席以及国际奥协执委会委员。

和李玲蔚同时称霸中国羽坛的另一位名将是韩爱萍，她曾获得 13 个世界冠军，并 7 次获得国家体委颁发的体育运动荣誉奖章。在二十世纪八十年代的世界羽坛，虽然我国拥有绝对的实力，但无奈此时羽毛球并未进入奥运会大家庭。我国第一枚羽毛球项目奥运金牌是由葛菲和顾俊在 1996 年亚特兰大奥运会上夺得的女双金牌。在 2012 年伦敦奥运会上，我国创纪录地包揽了全部五枚金牌。

哪个国家的羽毛球世界团体赛冠军最多？

在团体赛上，中国羽毛球队于 1982 年首次参加汤姆斯杯羽毛球赛就勇夺冠军。从此奠定了在世界羽坛上的霸主地位，并数次包揽了世界级大赛的全部冠军，为世界羽毛球运动的发展做出了卓越的贡献。截至 2023 年，中国羽毛球队已经赢得了 10 次汤姆斯杯、15 次尤伯杯和 13 次苏迪曼杯。团体冠军总数为世界各国之最。

中国有多少人打羽毛球？

据国家体育总局相关数据显示，我国羽毛球人口超过 2.5 亿，仅次于"健步走"，羽毛球是名副其实的国民运动。仅以广州为例，羽毛球人口超过 300 万，约占城市总人口的三分之一，有两万多块羽毛球场地（包括正规的羽毛球馆以及仓库改建等羽毛球场地），广州的羽毛球馆数量、羽毛球人口及消费人口数量均居全国之首。

你看过羽毛球比赛吗？打过羽毛球吗？有自己的羽毛球装备吗？多久打一次球？你是这 2.5 亿羽毛球人口之一吗？

尤尼克斯球馆的照片

Chapter 2

Badminton Equipment

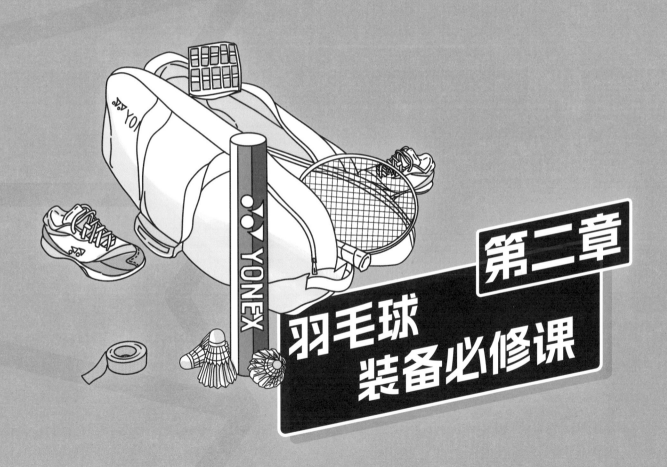

第二章

羽毛球
装备必修课

第一节 "糖衣炮弹"之羽毛球

羽毛球看似轻巧，但却威力十足，如果发力得当，可以击碎西瓜、击穿纸箱、击碎钢化玻璃，可以说是裹着"糖衣"的炮弹了。

选鹅毛球还是鸭毛球？

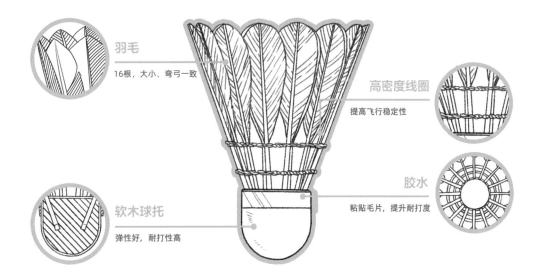

羽毛
16根，大小、弯弓一致

高密度线圈
提高飞行稳定性

软木球托
弹性好，耐打性高

胶水
粘贴毛片，提升耐打度

从外形上来看，羽毛球包括球托、球裙和毛片三个部分。胶水固定球托、毛片和球裙线圈的位置，黏合性高的胶水是提高羽毛球耐打度的关键。

球托可由天然材料、人工材料或者混合材料制成。毛片可分为水鸟毛和人工羽毛，其中水鸟毛主要指鸭毛和鹅毛。

鹅的养殖期为 90 天左右，鸭的养殖期为 50 天左右，饲养成本决定了鹅毛的价格要高于鸭毛。因为饲养周期长，鹅毛毛杆的骨密度会高于鸭毛，毛叶的油脂含量与厚实度也更高，这也是鹅毛通常比鸭毛更耐打的原因。

如何识别鹅毛和鸭毛？鹅毛哑光且毛杆为方形，而鸭毛更加亮白且毛杆偏扁圆。有些品牌的产品会在球桶底盖处标注是鹅毛或者鸭毛。

市场上也有一些人工材料制成的球，也有一些球突破了"球托 + 羽毛"的二段式设计，而采用"球托 + 人造植毛架 + 羽毛"的三段式设计，这些辅助人工材料的羽毛球相对比较便宜且耐打，但在飞行稳定性以及球感上和天然羽毛球有差距。

什么样的球耐打？什么样的球飞行稳定？什么样的球容易控制？

无论是鹅毛球还是鸭毛球，都取材于不同位置的羽毛，毛质本身的特点很大程度上决定着羽毛球的性能。

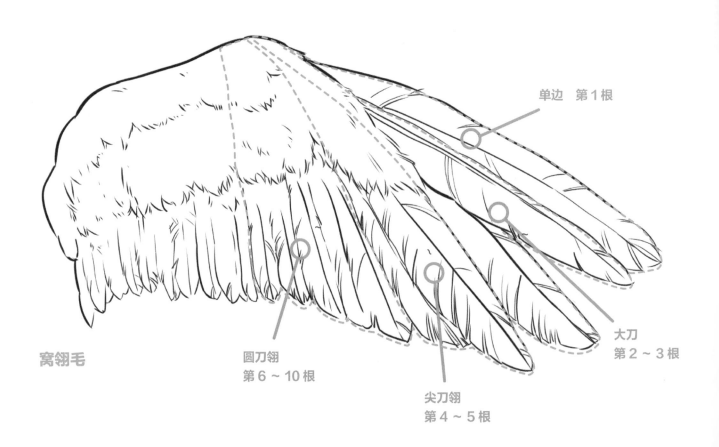

窝翎毛

单边　第1根

大刀
第2～3根

尖刀翎
第4～5根

圆刀翎
第6～10根

以鹅毛羽毛球为例

第 1 根俗称"单边"，属于低端羽毛。这种球的飞行轨迹不太稳定。主要原因是毛叶宽度较窄，毛叶左右不对称。这种羽毛球的优点是韧性好，比较耐打。

第 2 根和第 3 根俗称"大刀"，属于中端羽毛。这种球和顶级羽毛球相比飞行轨迹和落点有所偏差。其优点是毛叶平整，比较耐打。

第 4 根至第 10 根是"刀翎毛"，这也是羽毛球的主要来源。工厂会根据毛片的大小、形状和厚薄度来进行等级区分，做成不同级别的球。这种球飞行稳定、落点准、耐打性好。

靠近翅根的是"窝翎毛"（也称弯毛），有些工厂用定型加工的技术将弯毛拉直做成羽毛球，这些球属于低端球。其毛叶很薄，在飞行上无法与顶级球相比，但比较耐打。

户外用球一般为塑料羽毛球，比较抗风、耐打、稳定性好，但飞行的弧线和天然羽毛球有差异，一开始尝试往往容易因打感太轻而找不到发力的感觉。

羽毛球球托和红酒的瓶塞是一种材质吗？

球托分为多种材料，按照质量和价格，从低到高的等级可以分为 PU 泡沫、两拼碎木、两拼软木、三拼软木、全软木。全软木球头弹性好、耐打、不易变形，为目前市面上大多数中、高档羽毛球所用。

在羽毛球游戏诞生之初，的确就是在红酒的瓶塞上插上羽毛球。从材料来源上来看，现代羽毛球的全软木球托材质和红酒的瓶塞是同一类，其中以葡萄牙的国树——软木橡树居多，出于成本的考量，也采用 PU 和合成碎木球托。

红酒瓶塞

羽毛球的生产过程

该选什么球速的羽毛球？

球的快慢不仅仅由球的重量决定，还取决于质量和口径。球筒上的速度标识一般为 75、76、77、78、79，这是以欧洲重量单位格林为单位的，用 gr 表示。1 格林 = 0.0648 克，75、76、77、78、79 球速对应的是 4.86 克、4.92 克、4.99 克、5.05 克、5.12 克。尤尼克斯的羽毛球速度用 −1、0、1、2、3 来标记，分别对应 75、76、77 、78、79 的球速。

球筒球速标识

选择什么球速的球，需要同时考虑到气温和海拔。一般气温越低，越应该选择高速的球，海拔越高，越应选择低速的球。以深圳为例，一般在气温 20 摄氏度以下要使用 77 的球，而 25 摄氏度以上则需要使用 76 的球。云贵川以及一些高海拔地区，夏天用 74，冬天用 75。平原地区如郑州，夏天用 76，冬天用 77 或 78。

空气湿度也会有一定的影响，湿度越大，阻力越大，需要快速的球，反之越干燥，则要选速度慢的球。

球的克重并非是影响球速的唯一因素，也可以通过调整球的口径来调整速度。现代的制作工艺，从羽毛片的大小、球头克重、胶水克重的选择上，就已经预测出整批球制作出来的大致速度，而后通过试球机器击打出羽毛球，落到对面的接收框里，每个框对应一个速度，这样就可以较为精准地测试并分装不同球速的球。

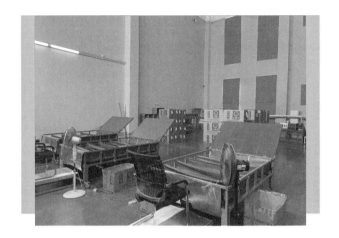

球速测试装置

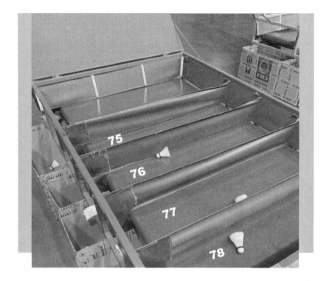

球速快慢还和球馆的空间大小有关，室内面积较大，如有 30 ~ 40 片场地或者是有看台的标准体育馆，建议使用球速快的球，有 4 ~ 5 片场地的体育馆建议使用球速慢的球。

正式比赛用球是组委会指定的。在球速的选择上，大型职业赛事的组委会会根据现场条件选择三个球速的球用作比赛用球。如早上开打的比赛由于气温较低、观众较少，通常会选择球速较快的球，而到了中午气温升高，且上座率增加，则会选择球速较慢的球。赛前组委会也会选择运动员进行球速测试，以保证在用球满足大多数运动员需求的同时尽量提升比赛的观赏性。

羽毛球球速

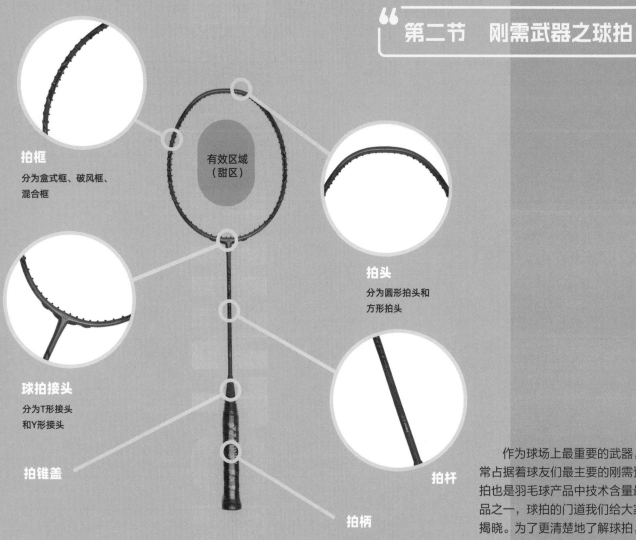

拍框

分为盒式框、破风框、混合框

有效区域（甜区）

拍头

分为圆形拍头和方形拍头

球拍接头

分为T形接头和Y形接头

拍锥盖

拍杆

拍柄

作为球场上最重要的武器，球拍通常占据着球友们最主要的刚需预算。球拍也是羽毛球产品中技术含量最高的单品之一，球拍的门道我们给大家一步步揭晓。为了更清楚地了解球拍，我们先来看看球拍的组成部分都有哪些。

购买羽毛球拍要注意哪些参数？

在拍锥盖上，通常有这样的标识：U/G/HV/HH/HL/S/F 等。这些英文字母代表不同的技术参数。

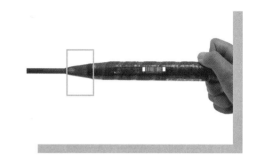

U | 球拍的重量

U 表示球拍的重量，碳素球拍问世后，终于突破了 100 克的空拍重量，为了纪念这一历史性的进步，球拍厂商采用 100 克为基数，用偏离 100 克的数值来表示碳素球拍的重量。偏离 100 克多少的单位，就是 U。球拍上的 U 有两个含义：第一个含义，U=unit，是"单位"的意思；第二个含义，U=under，是"低于"的意思。

U 的含义是"低于 100 克的程度"。1U 相当于 5 克，5 克的范围是一个人可以通过手感来辨别的数值。数值越高，重量越轻，即 1U（95 ~ 100 克）、2U（90 ~ 94 克）、3U（85 ~ 89 克）、4U（80 ~ 84 克）、5U（75 ~ 79 克）、6U（70 ~ 74 克）、7U（65 ~ 69 克）。业余球友一般选择 3U、4U、5U 的球拍居多。薰风品牌曾推出 10U 的超轻拍，拍身重量只有 54 克，大约与一枚鸡蛋相当。

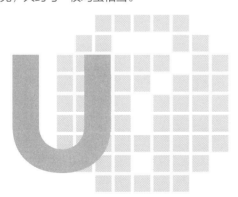

参数	重量	推荐适合人群
2U	90 ~ 94 克	职业球员，利于进攻
3U	85 ~ 89 克	职业球员，利于进攻
4U	80 ~ 84 克	进攻和防守兼顾
5U	75 ~ 79 克	进攻和防守兼顾
6U	70 ~ 74 克	进攻和防守兼顾
7U	65 ~ 69 克	力量较小，女性

G | 球拍手柄的粗细

　　G（Grip）表示拍柄的粗细，G1 最粗，一般适合手较大的球友，G6 最细，一般适合手较小的女性和儿童，G5 比较适合亚洲人手型。G4（尺寸为 86±0.5 毫米）、G5（尺寸为 83±0.5 毫米）、G6（尺寸为 80±0.5 毫米）。

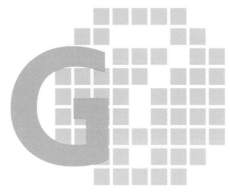

参数	球拍手柄周长 / 毫米
G4	86±0.5
G5	83±0.5
G6	80±0.5

HV | 球线的磅数

　　H 是指横线的磅数，V 是指竖线的磅数。横竖线的磅数大多可分为低磅（20 磅以下）、中低磅（20 ~ 23 磅）、中磅（23 ~ 25 磅）、中高磅（25 ~ 27 磅）、高磅（28 磅以上）五个类型。关于拍线的选择我们将在本章第七节"高手过招之拍线"中详细说明。

S/F | 中杆软硬度

　　S 表示硬度，F 代表软度，越靠近 S 硬度越大，进攻拍中杆硬度大，防守拍中杆硬度小。拍杆的硬度不能太大，尤其是中杆需要有弹性。拍框硬度越大，触球时就越不容易发生变形和扭动。根据硬度的不同主要分为较硬（6.5 ~ 7.1）、适中（7.2 ~ 8.3）、较软（8.4 ~ 9.0）三种。较硬的中杆适合攻击型运动员，适中硬度的中杆适合全面型运动员，较软的中杆则适合技巧控制型运动员。业余爱好者大多选择较软的中杆。

STIFF
硬（刚性强）

FLEX
软（韧性好）

HH/HL | 平衡点

HH 指平衡点靠前，拍头较重；HL 指平衡点靠后，拍头较轻。根据力学原理，羽毛球拍空拍的最佳平衡点为 285 ~ 300 毫米，如果平衡点过于靠后（低于 284 毫米）会使拍头过轻，导致击球发力效果不佳。但如果平衡点太过靠前（高于 300 毫米），又会使拍头过重，挥拍的灵活度受限。每名运动员球拍的平衡点都需要根据自身情况调适。

被球友们称为"断腕神器"的是尤尼克斯 VT-ZF2 型号的球拍，这款中杆超硬的"进攻神器"，需要较强的力量和控制能力才能驾驭，林丹和李宗伟都曾使用过，但很多业余球友使用后都觉得难以驾驭，于是称之为"断腕神器"。

"糖水拍"都是低端拍吗？

"糖水拍"是业余球友对某一类球拍的统称，这类球拍甜区比较大，中杆较软，平衡点适中，击球相对容易且省力，这类球拍因为比较容易上手所以被称为"糖水拍"。

有人认为糖水拍 = 入门级球拍 = 低端拍，这种说法并不准确。糖水拍只是形容一种球拍上手的感觉，并非是低端廉价拍的代名词，反而很多公认的糖水拍都是中高端球拍，如尤尼克斯 ARC7PRO，以及威克多 JS-12（极速 12）。

当然，算不算糖水拍也与个人的喜好和打法有关，对于一些力量足、喜欢进攻的球友来说，习惯选择平衡点低的球拍，这时他反而觉得其他人认可的糖水拍并不容易上手，不够"糖水"。

球拍的重量

糖水拍

击球点应该在拍面的什么位置？

我们先来了解一下拍面的结构。拍面包括甜区、拍头、球拍接头、拍杆和拍柄几个部分。其中甜区就是我们目标的击球点所在区域，甜区的击球反弹更好，可控性更高。随着球拍材质和工艺的改革，甜区的位置逐步扩大。

B 区和 C 区是理想状态下的击球位置。A 区为非常规的回球区域，容易打框。B 区通常是杀球和高远球的击球区，而如果杀球时的击球点靠下，如在 C 区则挂网的概率比较大。C 区是平抽球和搓球的区域，这个区是球拍的中心区，平衡点相对好掌握。

除了甜区，还要考虑到整体拍头的形状。拍头有圆形拍头和方形拍头之分，圆形拍略长，重心靠前，更利于进攻；而方形拍拍面略宽，击球面积大，更有利于防守。

非常规回球区域

杀球 / 高远球

平抽 / 搓球

第三节　拉风必备之球服

羽毛球服随着时代的发展也在发生变革，从诞生之初的帽子和长裙，到 polo 衫和长裤，从宽大的短袖和短裤到修身的无领无袖衫和短裤，从短裙到连体裙，不仅是外观上走在时尚前沿，在材料性能上也不断出新。

羽毛球服装的进化

现代羽毛球运动流行于欧洲的上流社会，所以羽毛球的服装也非常讲究。女士们戴着漂亮的帽子，穿着紧身的胸衣，羊毛长筒袜和一拖到地的外衣；男士们则身着长裤，华装丽服，戴着五颜六色的领带。

1899 年全英赛上男球员们穿的球衣都是白衬衣，而女球员一般都是穿长裙上场。当时羽毛球运动服与时装的区别不大，以白色的轻便套装为主。"白色"也是当时欧洲贵族的代表色，之后的三十年间"身着白衣"是球员以及市场一直推崇的设计。

1899

1899

羽毛球服装的保守从二十世纪五六十年代开始有所转变，出现了前胸小 V 字领的翻领 T 恤衫，也出现了短裤。到了二十世纪七十年代，翻领短袖 T 恤衫开始流行，短裤变成收褶的合体裤。色彩上上衣始终为白色，裤子在训练时穿蓝色短裤，比赛时穿白色短裤。这是由于当时国际羽联对服装的规定，也是对英国羽毛球礼节的沿承。

1975 年以后世界羽坛的女士球衣出现了短裙和无袖背心，球衣开始使用尼龙材质，球衣上也慢慢出现了条纹或者色块的设计。

到了二十世纪九十年代末期开始流行宽松的款式，不过，宽松袖的球衣也不是受到所有人欢迎，很多球员在比赛中，会把持拍手的袖子挽到肩上，不过击球过程中还是会掉下来。

2008 年北京奥运会之后，"无领"甚至"无袖"款球衣逐渐流行，陶菲克和林丹都是无袖球衣的拥趸。

为了让比赛更具关注度，世界羽联效仿网球，在 2003 年开始推广女装短裙，并在 2011 年开始强制执行，违规者罚款 250 美元。但由于各方争议巨大，世界羽联于 2012 年 2 月废除了"裙装令"，女运动员可自由选择短裤或裙装。如今的羽毛球比赛服款式非常丰富，还出现了连体裙。

专业的羽毛球服主要以速干面料为主，纯棉材质较少。因为运动中出汗较多，纯棉等材料的排汗能力有限，汗水积聚容易贴在身上，增加运动员的不适感。目前，涤纶棉混纺、涤纶布、金光绒布、鸟眼布等面料的舒适性和透气性较强，使用较多。

第四节 硬核内功之球鞋

羽毛球运动伴随着很多急起急停，对步法移动要求较高，一双专业的羽毛球鞋不仅能使你在球场上跑动自如，还能一定程度地保护身体，避免运动损伤。伴随着材料的革新，很多黑科技也运用到羽毛球鞋的制作中，加持着球鞋的硬核内功。

羽毛球鞋的进化史

煤渣地/水泥地时期：二十世纪六七十年代，橡胶鞋几乎是"万能鞋"，用在各种场合。鞋底是传统原生橡胶，内部也只是单层结构，没有分化出不同功能区。

木板地时期：木板球场更平稳，但对鞋底的避震和防滑提出了更高要求，这个时期生胶鞋底成为主角。生胶既结实又有弹性，黄色微透明，跟牛的蹄筋相似，所以生胶鞋底也被称为"牛筋底"。

塑胶地板时代：在防滑上，效果显著的塑胶场地最终取代了木板地成为职业赛事的标准场地。由于比赛愈加激烈，对球鞋的防滑、抗扭等性能提出了新的要求。虽然牛筋底仍占有一部分份额，但各类新材料、"黑科技"的注入也让羽毛球鞋迎来了新的变革。

羽毛球鞋由哪些部分组成？

羽毛球鞋最核心的部分是什么？一双专业的羽毛球鞋长什么样？

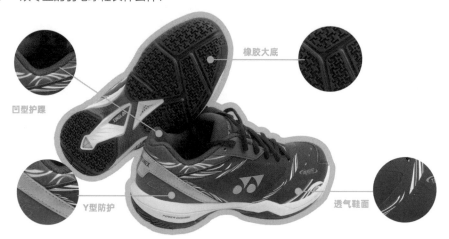

凹型护踝

橡胶大底

Y型防护

透气鞋面

鞋面： 鞋面应起到透气和包裹两个作用。目前的主流材质为网布面料和 PU 皮，都有较好的透气性。其他如聚氨酯束状超细纤维合成革，这种材料制成的鞋面质量轻、柔软易弯曲，同时也有较好的透气性。

中底： 中底直接与运动员的脚底接触，是决定一双羽毛球鞋是否舒适的关键位置。中底应具备避震和反弹性好的性能。前脚掌部位一次成型的双密度中底能有效缓解运动中的冲击力，减轻负荷。为了更好地减震，有些品牌会在脚后跟下的位置增加特殊的避震材料。

大底： 大底是鞋与地面接触的部位，应有良好的耐磨性与防滑特性。耐磨生胶大底加优良的止滑材料是主要材料。由于羽毛球运动的步伐移动中左右脚内侧拖动的动作较多，因此应加大大底材料的面积，将其延伸到鞋的下边墙位置，以增加鞋的耐磨性和整体寿命。

鞋垫： 羽毛球鞋垫要求轻便贴合，防滑能力强，透气性好。前脚掌和后脚跟等触地部位配备减震片，可以缓充脚部冲击力，保护膝盖和脚踝，更好地在跳跃后掌握平衡，有利于快速二次起跳。需要注意的是，柔软的材质不一定吸震能力强，反而有一些硬度的材质吸震能力更好。

鞋带： 和其他运动鞋相比，羽毛球鞋带无特殊设计，但近年来为了提升包裹性以及在外观上寻求突破，也有一些纽扣式的设计取代常规鞋带，可通过纽扣来调整松紧程度。

如何判断要买的羽毛球鞋符合自己的"脚型"？

鞋楦是鞋的母体，是鞋的成型模具。鞋楦不仅决定鞋的造型和式样，更决定着鞋是否合脚。根据脚趾长度的差异可分为三类：U-SHAPE、V-SHAPE 和 F-SHAPE（女性专属楦型）。U-SHAPE 楦型较圆，依据第一指头最长的脚趾长度分布；V-SHAPE 楦型较尖，依据第二指头最长的脚趾长度分布。

根据宽度差异可以将楦型分为四种：Extra Wide 超宽楦（3.5）、Wide 宽楦（3.0）、Standard 标楦（2.5）、Slim 窄楦（2.0）。3.5 超宽楦接近方圆形，属于 U-SHAPE 楦型。通常情况下市面上的鞋型均为标准楦，也有某些鞋型主打宽楦。不同品牌对于产品介绍的术语略有不同。

U-SHAPE   V-SHAPE   F-SHAPE

  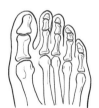

羽毛球鞋楦型

有碳板的鞋才是高端鞋吗？

在很多带货直播中能看到主播展示碳板，比如用力将鞋底折到近似 90 度，很多人认为碳板是高端鞋的代名词，那碳板到底是什么材料？是否有如此神奇的功能呢？

碳板是一种碳纤复合材料，有质量轻、使用寿命长、更坚韧、更有弹性等优点。碳板最早应用在航空领域、F1 赛车等尖端设备上。在运动领域多用在篮球鞋、足球鞋以及羽毛球鞋中，用以防止球员在急停、急转、急加速、变向等动作下受伤。

碳板最主要的功能是"抗扭"和"支撑"。首先，抗扭主要是为了保护足弓，球员在变向时，球鞋与脚之间产生巨大的作用力，碳板的存在能够防止球员的足弓发生巨大的扭转。其次，作为一个承托盘，碳板往往可以保证球鞋的支撑性和稳定性。

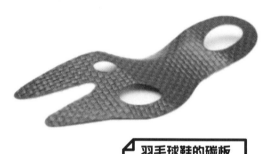

羽毛球鞋的碳板

碳板进入大众视野的初期，由于生产技术有限，材料制作工艺相对复杂，再加上一些知名品牌的品牌溢价，一直都是高端鞋的标配。不过随着生产技术的提高和材料的普及，碳板的成本也越来越亲民，现在市面上也有三四百元的羽毛球鞋配备了碳板。

跑鞋、网球鞋、篮球鞋、乒乓球鞋可以穿着打羽毛球吗？

跑鞋可以替代羽毛球鞋吗？不能。

从重量来说，跑鞋比羽毛球鞋更轻便。尤尼克斯推出的 SHBAZMEX 超轻 4 代羽毛球鞋可以达到 230 ~ 250 克（不同鞋码重量不同），但常规羽毛球鞋的重量都在 600 克左右，跑鞋重量为 300 ~ 500 克。轻便是跑鞋提升速度的基础，而相比轻便，羽毛球鞋则更需要稳定性和灵活性。

从鞋底来说，跑鞋的鞋底比较平滑，整体的流线型是为了减少空气阻力，提升速度。而羽毛球鞋则讲究牢固的抓地力，更注重防滑耐磨。

从鞋面来说，跑鞋的鞋面是透气轻薄的材质，而羽毛球鞋的鞋面是由真皮或者超纤皮做成，虽然也注重散热透气性，但更是为了提供保护和支撑，抗扭防侧翻。

从重心来说，跑鞋的气垫愈加厚实，重心也随之升高。由于羽毛球涉及复杂多变的移动和步伐，所以低重心一直都是球鞋的基本特征。

篮球鞋可以替代羽毛球鞋吗？不能。

篮球鞋为了保护球员的脚踝而通常采用高帮设计，如此设计对于急转急停较多的羽毛球运动来说反而容易崴脚。另外，篮球鞋的鞋底通常采用耐磨性能好的硬质熟胶，这种胶皮的抓地力较差。此外，大部分篮球鞋有气垫设计，重心较高，不利于羽毛球步伐的启动反应。

网球鞋可以替代羽毛球鞋吗？不能。

网球是室外运动，场地的类型分为塑胶地、草地、红土等，羽毛球为室内运动。网球鞋更要求耐磨，而羽毛球鞋更要求防滑。网球更多的是横向或竖向的"二维运动"，而羽毛球除了各个方向的移动，还包括了很多起脚跳跃的动作，这也对球鞋的支撑、抗扭、缓震提出了不同的要求。

乒乓球鞋可以替代羽毛球鞋吗？不能。

从鞋底来看，乒乓球鞋的鞋底一般采用比较硬的牛筋底，其防滑支撑性好，减震效果不强，适合乒乓球快速启动的特点。从包裹性来看，羽毛球鞋整体包裹性要强于乒乓球鞋。从防侧翻设计来看，羽毛球鞋比乒乓球鞋更加看重内侧耐磨设计和防侧翻设计。

第五节　轻功为上之球袜

　　羽毛球运动的脚部动作较多，专业的羽毛球袜不仅能使脚与鞋更为贴合，帮助排汗透气，增加运动的舒适感，还能起到支撑保护、避免运动损伤的作用。

普通运动袜可以替代专业羽毛球袜吗？

　　普通的运动袜虽然也能起到一定的包裹作用，但这类袜子没有针对性地局部加厚，往往不能起到羽毛球运动需要的支撑辅助作用，如果吸汗性较差，容易发生打滑和过度摩擦，并进一步造成脚底起泡。

　　专业的羽毛球袜有以下几个特性。

　　首先从材质上来说，主要是棉质。柔软、吸汗、摩擦力大，减少脚在鞋子里的滑动，同时良好的排汗透气性也让鞋袜不容易有汗臭味。

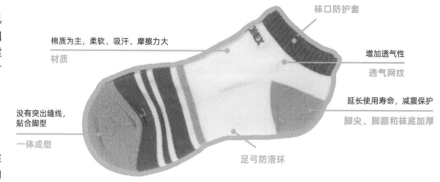

棉质为主，柔软、吸汗、摩擦力大
材质

袜口防护套

增加透气性
透气网纹

延长使用寿命，减震保护
脚尖、脚跟和袜底加厚

没有突出缝线，贴合脚型
一体成型

足弓防滑环

　　其次，大部分羽毛球袜的脚趾和后跟是加厚的。这是由于羽毛球运动在场上的移动非常多，袜子与鞋的摩擦也较多，脚趾和后跟的加厚能一定程度延长球袜的使用寿命，同时也起到了减震和保护的作用。

　　最后，普通的棉袜很多都是在袜子的前端缝合，缝线既降低了袜子的强度，又经常会使脚趾产生不适。羽毛球袜整体成型，没有突出的缝线，一定程度上保证了袜子的形状跟脚型的贴合。为了保证一定的透气性，一些羽毛球袜的脚面上采用透气网纹设计，中间足弓位置有防滑环，袜口有防护套。

　　羽毛球袜是易耗品，清洗时可以用温水泡一下，如果用冷水，盐（汗水有很多盐分）易附着在袜子上，晒干后容易变硬。

第六节　三寸玲珑之手胶

羽毛球手胶，也称吸汗带，是缠绕于羽毛球拍拍柄上，用以防滑、吸汗的工具。球友们将手胶看作是球拍的第二层皮肤。

选择手胶要考虑哪些因素？

按照手胶的外形和材质，可分为普通手胶、龙骨手胶、毛巾胶三种。

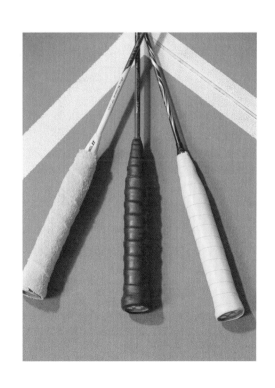

（1）普通手胶

也称为光面手胶，大多是 PU（人造革、聚氨酯）材质。因表皮材质不同又分为干性、黏性和磨砂三种。有人喜欢黏性手胶的手感，也有人看重干性手胶的耐用。常见的手胶厚度在 0.5 毫米到 0.7 毫米之间。

（2）龙骨手胶

基本材质与普通手胶相同，只是在其背面加入了一根或者两根海绵条，以增加手柄的防滑性能。但由于增加了手柄的厚度，也有球员认为这类手胶会丧失一定的击球手感，并且导致一定程度的球拍平衡点下移。

（3）毛巾胶

由一条细毛巾贴了胶条构成。与 PU 材质的手胶相比，毛巾胶更加吸汗，这一点在闷热季节尤其适用。但毛巾胶的耐用性不如 PU 材质手胶，由于其比较磨手，有些人不适应，容易在手上磨出水泡。

选择手胶也要考虑到手柄的粗细。越厚的手胶减震效果越好，越薄的手胶越容易体现手感，手胶材质性能各有优劣，是否"合手"要看球员的个人习惯。

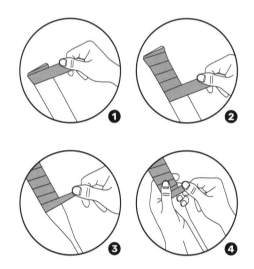

手胶的缠法

如何快速缠手胶？

第一步： 揭开手胶封条，放在一旁备用。揭开手胶表面的保护膜，此面手胶缠在外面，与手掌接触，另一面缠在里面，与拍柄接触。

第二步： 从球拍底部开始缠绕，适度拉紧手胶，让胶面微微变形，可使胶面更贴合拍柄且不易移位，一手拉的同时，另一只手拇指压紧胶面防止回弹。

第三步： 按照相同的方法一圈一圈向上缠绕，由于底托和木柄直径存在差别，开始两圈要拉紧一些，否则可能出现褶皱。

第四步： 打开手胶封条，均匀缠绕在封口处。

羽毛球明星们有哪些独特的手胶缠法？

手胶到底应该缠到哪？这和手胶的选择一样，也因人而异。我们先来看看奥运冠军林丹独特的缠手胶方式，林丹喜欢用毛巾胶，但与其他人不同，手胶只缠到手柄的一半，被球迷戏称为"林丹半截胶"。

也有球员会将手胶缠得再长一些，缠到锥盖。如张楠、陈雨菲等。

在职业运动员中，PU 材质手胶更为常见。李宗伟、李雪芮等球员喜欢把手胶缠至与锥盖齐平的位置。

夺得 2020 年东京奥运会女双冠军的印度尼西亚队员波莉，其手胶缠法也非常特别，就是在拍柄下端还有一小段"延伸"。

还有一些球员会将手胶延长到中杆，如印度尼西亚羽毛球队就流行这种缠法。

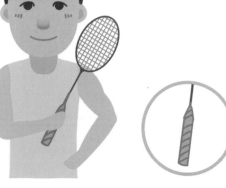

第七节　高手过招之拍线

很多球友羡慕别人击球的声音脆而响，这不仅与运动员的技术动作有关，也与拍线的材质性能以及磅数有很大关系。

为什么有人打球的声音那么好听？

我们经常听到"三分拍，七分线"的说法，拍线是最直接接触球的部分，起到力量吸收与反弹的作用，是控球的关键所在。

拍线有哪些类型呢？以尤尼克斯的拍线为例，分为高弹性、控制性和耐久性三类，在包装上分别用蓝色、绿色和黄色区分。其中高弹性线一般线径为 0.61 ~ 0.68 毫米，线越细弹性越好，在相同的磅数下耐久度相对较差，职业选手使用的较多。如尤尼克斯 BG-AS 线，线径只有 0.61 毫米，拥有较好的反弹性和击球手感，耐久度相对较差。BG-98 线也拥有较多的支持者，这种线拥有高反弹和清脆的声响，也保持了较好的控球水准。BG-80 线和 BG-80P 线也是诸多职业球员的选择，高反弹性优势明显，也能集中体现进攻威力。控制性线，也是全面均衡类线，兼顾了高弹性和耐打性，能体现出较好的控制能力，如尤尼克斯 AB 线。同时，BG-AB 线也拥有较多的支持者，这款线又称子母线，横线和竖线的线径、物性、构造、纹理不一样。其中竖线的线径为 0.67 毫米，横的线径为 0.61 毫米，竖线采用 PU 涂层来提升摩擦力，超细的横线可减少摩擦力，使得全拍面的摩擦力得到增强，劈吊时快速复原，能产生比较重的旋转，同时也能保证足够的速度和控球水准，这款线综合能力突出，除了耐打性差之外没有明显的缺点。很多职业运动员如林丹、桃田贤斗、安赛龙都曾使用过。耐久性线顾名思义有较强的耐打性，线径最粗，一般在 0.7 毫米左右，同时价格也相对便宜，比较适合新手。如尤尼克斯 BG-65 线就拥有较强的击球力量和吸震功能，适合力量大、磅数高的球友，而 BG-95 线也是耐久性线中弹性最好的。

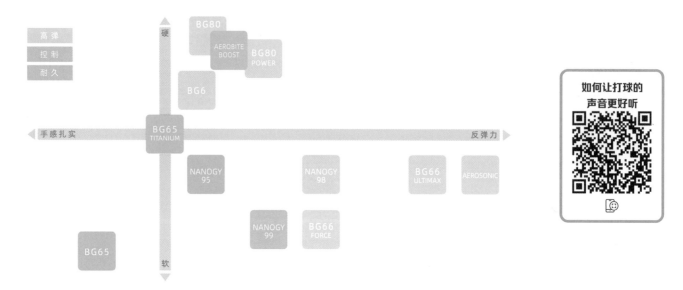

威克多的羽毛球线也是由耐打到高弹分为 7 个梯次，根据不同的线径加以区分。其中 VBS-63 线的线径只有 0.63 毫米，内芯采用高强力复丝，有清脆的击球音和出色的反弹力，适合追求落点控制的选手；VBS-68 线是一款性能综合的线，适合以速度和控制为主的选手；VBS-70 线拥有 0.7 毫米的线径，具有较好的耐用性；VBS-69 线拥有较强的连续进攻能力，适合力量型选手。

羽毛球拍线拉多少磅合适？

羽毛球拍线的张力也称为紧度，一般用磅数来表示。到底该拉多少磅，一直是入门级球友头疼的问题。通常而言，想得到更大的弹性，就应该将磅数拉得低一点，想要有更加精准的控球性，磅数就要相对高一点。高磅数能够使回球更具威胁，但需要更大的力量和更强的控制。球友要根据自己的力量、习惯、羽毛球水平进行选择。

较为常见的穿线方法有二结拉线法和四结拉线法。其中二结拉线法是在拉线的时候只打两个结，横竖都一样，这是最普通的拉线法。而四结拉线法是将横竖线分别剪成两段分开拉，这样就有四个结。这种情况下，横竖线往往会拉不同的磅数，可以解决原二结横竖线减磅不均匀的问题，因为羽毛球拍多是从上向下击球，横线的受力通常比竖线多，所以横线加磅也有一定的依据。但是选择横竖线相同还是不同的磅数主要取决于球拍的特性和球员的打法特征。李宁品牌根据自己的球拍特性主张横竖磅数相同的方法，而尤尼克斯品牌的产品拉线则建议横线磅数比竖线磅数高 10%，通常是 1～2 磅。

拍线的磅数通常有以下几种区间。

低磅 (20 磅以下)：拍线非常宽松，低磅数的好处在于拍线的弹性较好，但这也限制了球拍性能的发挥，这个区间很少有球友使用。

中低磅 (20 ~ 23 磅)：中低磅击球有较高的弹性，但仍然存在明显的滞留感，会降低扣杀的威力。但对于新手球友来说，这个区间的磅数也是一个良好的适应数值，利于掌握技术动作，同时也可避免伤病。这个磅数也是很多女性球友的选择。

中等磅 (23 ~ 25 磅)：中等磅数，拍线和拍子都可以较好发挥性能，是球友们选择最为集中的磅数。

中高磅 (25 ~ 27 磅)：中高磅数，拍面较硬，拍线的弹性急剧下降。对于普通球友来说，很难拉出后场球，会有击球无力的感觉。也有力量足、技术娴熟的球友会选择这个磅数。

高磅 (28 磅以上)：高磅数拍线弹性较低，发多少力就有多少力的效果，有人形容这个磅数的击球是直来直去。高磅数要求极强的控制能力和肌肉群的爆发力。这个磅数区间往往仅限于职业运动员，如果业余球友一味追求高磅数则会带来很大的伤病隐患。

每把球拍都有商家标注的质保磅数，通常这是球拍的磅数上限，供球友们参考。

如何剪拍线？

拍线是易耗品，爆发力大、高频率击球、拍线磨损以及气候等原因都会造成拍线断裂。有些球友在拍线断裂后会将球拍闲置，等再穿线的时候才剪断拍线，这种做法并不可取，无论横竖线断裂都会造成球拍受力不均衡，长久闲置会导致球拍变形。正确的做法是在拍线断裂之后立马剪断所有拍线。当然拍线并非断裂才可替换，如果使用时间较久，出现拍线起毛、弹性下降、击球点不稳定等问题，都是换线的信号。

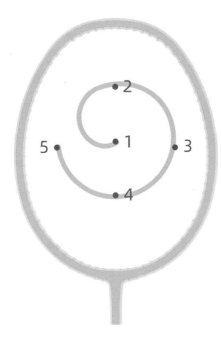

十字法

没有断线的剪法一般采用"十字法"。首先找到横竖线的中心点，同时交叉剪断，即点1的位置，这样就有两根横竖线同时剪断；其次是开始从球拍中心区域按照一个固定的方向，如顺时针在12点钟、3点钟、6点钟、9点钟位置依次剪掉，即图中的2、3、4、5点，需要注意的是2、4点是剪横线，3、5点是剪竖线。也有球友喜欢对称式剪法，如2、4、3、5这样的顺序。无论采用哪个方法，都需要按照一定的顺序由内到外散射状剪断所有拍线。

如果断的是竖线，需要以竖轴为中心轴剪断对应的竖线，如断线是11点方向，需剪断1点方向的竖线，以释放压力。之后再按照由中心到四周的"十字法"剪断所有拍线。

如果断的是横线，则先将正中位置的竖线剪断一根，让框面的横竖线应力差归零。之后再按照由中心到四周的"十字法"剪断所有拍线。

剪拍线

第八节　秘密武器之护具

羽毛球是一项几乎全身都要参与运动的项目，手腕、手肘、肩部、膝盖、脚踝都是容易受伤的部位。防止运动损伤，需要掌握正确的技术动作，同时也需要做好对应的热身和康复训练，这些我们都会在第六章和第七章中详细介绍。除了上述手段，使用护具也很常见。

不受伤时可以带护具吗？

从医用角度来看，护具的主要功能有两个，一是保持良好的支撑，减轻外界压力；二是维持体温，促进血液循环，减缓伤痛。但护具只能起到辅助作用，本身并非治疗疾病的手段。护具的使用也可能会带来其他的影响，如护腕可能会影响持拍手的手感，而护具如果过紧会造成局部的肌肉充血，因血液循环不畅，反而会影响肌肉的机能。所以护具的选择要根据身体状况而定。

护腕

佩戴护腕能够起到限制活动的作用，防止二次伤害，同时能够给手腕增压，减少肿胀。不过由于羽毛球的手腕动作很多，所以佩戴护腕也可能会对正常动作产生影响。

护肘和护臂

护肘和护臂二者保护的部位不同，但材料和功能比较近似，也有一些特殊设计，比如护肘会增加加压垫片，从而增强对肘臂肌肉的压力，进而舒缓运动时产生的压力。

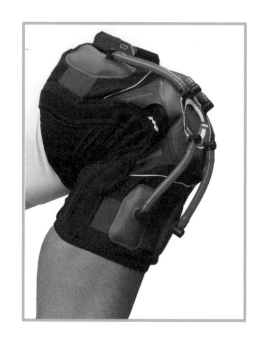

护膝

　　近期市场上还出现了一些"黑科技"智能护膝，这类智能穿戴产品，通过若干个气囊对膝盖进行防护。充电后完成气囊加压充气，通过加厚髌骨垫、定制弹簧条等有针对性地对韧带、髌骨、半月板、肌腱进行保护。可进行智能调节，穿戴者坐下或躺下休息时，无须脱下护膝，可自动排除气囊压力让腿部放松休息，而在高强度运动下，智能芯片会检测运动状态，使气囊气压自动加强，降低穿戴者的受伤风险。这样的前卫设计你会喜欢吗？

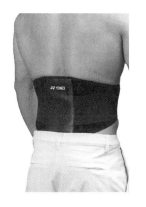

护腰

很多有腰肌劳损或其他腰部疾病的球友习惯使用护腰。其主要目的是支撑腰部，稳定关节，保护肌肉。加固型护腰还有可拆卸的支撑板设计。

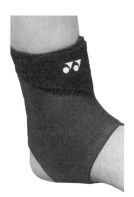

护踝

常见的护踝有穿戴式和缠绕式，护踝的目的是提高脚踝韧带的承重能力，减少急速变向、弹跳落地等对脚踝的冲击力。

你知道这些挂件是如何制作的吗？

羽毛球的编织挂件可以变化出很多造型，这也是对废弃羽毛球的再利用，非常环保。河北石家庄有一个残障人群体——爱心之家，他们可以制作各种羽毛球挂件，有动漫人物，也有原创卡通设计，可以挂在汽车、书包、书柜等各个地方，受到很多运动员和球迷朋友们的喜欢。

Chapter 3

Basic Badminton Techniques

最实用的
技术宝典

第三章

李雪芮

上课啦！

王小羽

? 羽毛球最简单也是最基本的技术是什么？

? 什么动作最简洁高效？

? 如何随心所欲控球？

? 如何练出势大力沉的杀球？

本章和大家一起重新认识羽毛球。

第一节　羽毛球第一课

　　走进羽毛球场先要学什么？握拍是羽毛球第一课，握起球拍那一刻，我们和羽毛球的缘分就开始了。握拍看似简单，但却是一切技术的开始，握拍不对，击球费力而且打不远，还可能造成伤病，比如网球肘。

苍蝇拍式？菜刀式？哪种握拍才专业？

　　有些球友一开始会用握苍蝇拍的方式来握球拍，打起球来自然也和打苍蝇的动作一样。

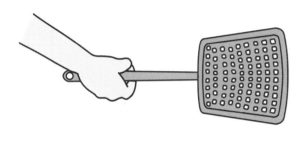

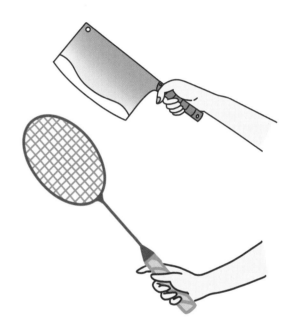

> 苍蝇拍式（西方式握拍）

　　这种苍蝇拍的握拍方式，也被称为西方式握拍，有球友认为这种握拍更容易打到球，但其实这种握拍法会使腕部被锁死，无法借助小臂充分发力，而且也容易造成腕部和肘部的损伤，如网球肘。

> 菜刀式（东方式握拍）

　　正确的握拍方式和握菜刀非常相似，这种握拍也称为东方式握拍，虎口对准拍柄的窄面，拍面与地面垂直，这种握拍方式可以灵活转腕，击球面成为手掌的延伸，更易发力。

正手握拍和反手握拍有什么区别？

① 菜刀式（东方式握拍），拍面与地面垂直。

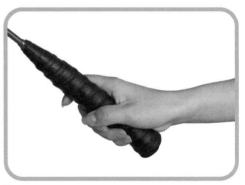

② 虎口对准拍柄窄面，食指与中指稍微分开。

小鱼际肌

③ 四指根部与拍柄贴紧，掌心留有空隙，拍柄置于小鱼际肌处。

提示

　　击球之前，放松持拍，击球的一瞬间握紧球拍发力，完成击球动作。握拍过紧会导致动作变形，而造成握拍过紧的原因有两个。

正手握拍

反手握拍

一是食指与中指距离太近

二是掌心和拍柄没有空隙

反手握拍 1

● **对应动作：针对网前搓、推、勾、挑球动作。**
● 在正手握拍的基础上，拇指上移，和食指平行，置于拍柄两个宽面。

反手握拍 3

● **对应动作：网前扑球。**
● 在第一种反手握拍的基础上，拇指上移高于食指。

反手握拍 2

● **对应动作：后场反手过渡。**
● 在第一种反手握拍的基础上，拇指置于窄侧左边楞。

● 反手握拍击球瞬间拇指前顶发力，掌心留出空隙，不要握紧，这样方便发力并可调整角度。

反手握拍错误握法

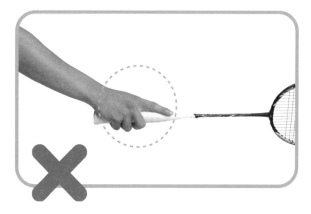

提示

　　正手握拍的关键手指是食指，而反手握拍的关键手指是拇指，因为拇指是主要发力点。

● 食指不要伸直，否则动作容易在发力时变形。

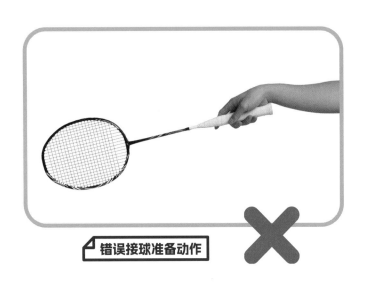

便于转动

竖起手腕

错误接球准备动作 ✗

正确接球准备动作 ✓

准备接球时要竖手腕、立拍面，有两个原因。

第一是可以在肘关节不动的情况下灵活转动手腕，缩短击球准备时间，提升击球效率。

第二是竖起的拍面可以及时封网，尤其是对于双打而言，能让动作更快速、更高效。

第二节　高质量击球的法则

何时正手，何时反手？

击球范围内约有 75% 落在正手区域，50% 落在反手区域，正反手的重叠区域约占 25%。重叠区域主要集中在身体下部的下手区域和头顶位置，这时球员可以选择正手或反手击球。

头顶区一般惯用正手，更容易发力和控制。

一般即便是在反手位的头顶区域也会使用正手击球，因为反手回头顶球时球员必须背对球网，对于球员的线路安排要求较高。球落在球员脚与身前之间的区域时，一般惯用反手，相对较好控制。

通常正手击球的力量要大于反手，反手通常被认为是防守区域。

通过控制路线和落点的变化来获得主动，但反手并非意味着只是防守，很多球员如陶菲克和李梓嘉等都有反手暴击扣杀的能力，反手是他们强有力的得分手段。

接杀球时，反手的范围要大于正手，这是为什么呢？

因为接杀球的动作轨迹很小，主要以"挡"为主，肩、肘、腕参与的旋转较少。对于右手持拍的球员来说，以右肩为挥拍起点，右肩以左都是反拍的防守范围，右肩往右是正手的防守范围。

正手
1. 下手
2. 侧面
3. 过肩
4. 过头
5. 头顶

反手

正反手击球区域

你能击出几种球?

按照线路和落点,通常有 6 种击球。

① 高远球:飞行角度更大,滞空
　　时间更长,便于回位防守

② 平高球:角度小,更易快速到
　　达落点

③ 平抽球

④ 杀球

⑤ 吊球

⑥ 网前搓推勾扑球

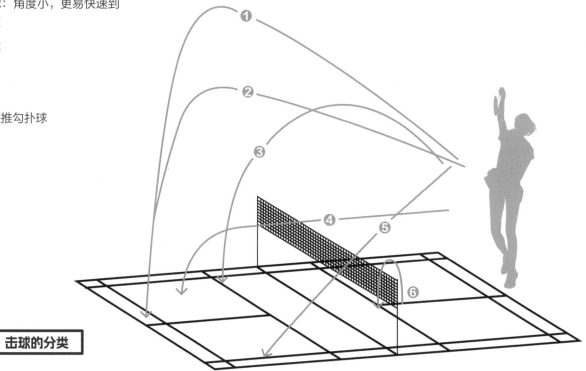

击球的分类

第三节 从发球开始主动

羽毛球发球虽然很难直接得分，但发球是战术组织的开始，要尽量做到让对手无法直接进攻，并在发球后立即进入防守状态。

发球有多少种？

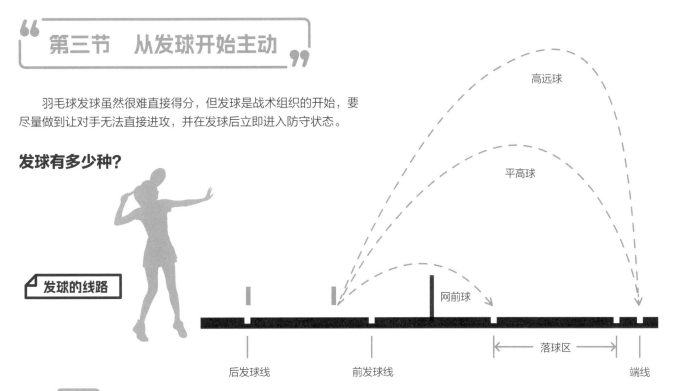

发球的线路

高远球

平高球

网前球

落球区

后发球线　　　前发球线　　　　　　　　　　　　端线

提示

正手发球和反手发球

1. 双打比赛通常采用反手发球，因为引拍短，隐蔽性强，对手的反应时间也短。当然，反手发球由于受挥拍距离的限制，发高远球有一定难度，通常更多发平高球和网前球。

2. 高水平的单打也会采用反手发球，主要是发网前球牵制对手的进攻。女子单打运动员大多采用正手发高远球。

发球前要做哪些准备工作?

●发球规则
羽毛球规则规定发球不能超过 1.15 米,所以发球都为下手发球。

●发球站位
双打发球队员一般站在 T 点附近。这个位置更接近网前,如果对手回短,只需一个弓箭步向前就可以封网。而如果对手回背后空当,则由搭档接应。单打球员由于要顾及到后方空当,所以会站在发球线稍后的位置。

●发球战术
观察对手的位置,如果在场地中央,则发短球比较有效,因为对手需要跨步才能接到球,通常只能处于防守状态。而如果对手站位靠前,则考虑发平高球,将球又快又平发到后半场,也就是"偷后场"。当然,如果对手预判及时也可能直接跳杀,所以发球后要立即进入防守状态。除了短球之外,发正手高远球也是惯用战术。

如何发正手高远球？

高远球，顾名思义既要高又要远，球飞到弧线的最高点时垂直下落到对方的底线附近。把对方控制在底线附近，降低其回球的威胁性。高远球通常以正手高远球为主，其技术要领我们以右手持拍为例进行说明。

1. 准备

● 左手持球，球头向下

● 右手正手握拍，自然屈肘举于身体右后方

● 左脚在前，右脚在后，右脚脚尖朝向右斜前方

2. 引拍

● 右臂向右后上方摆起

● 身体稍向左转

3. 击球

● 大臂带动小臂内旋，展
腕击球瞬间手指紧握球
拍，完成闪腕动作，拍
面正面击球

击球点在身
体右前下方 ⭐

● 右手从后方自
下而上画半弧
引拍

● 转体且重心前移，
右脚跟提起

4. 随挥

● 小臂和手腕内旋，
收拍至左肩上方

正手发高远球——全过程

如何正手发平高球？

平高球的弧度比高远球低，球速更快，落点也应在底线处，是一种进攻性较强的发球。对于反应慢、站位偏前、体重大、移动慢的对手较有威胁。

平高球的技术要领和高远球基本相似，准备姿势和正手发高远球一致，可以用来迷惑对方。发平高球和发高远球的区别在于发力方向和击球点。发平高球时击球瞬间不是产生最大的向前上方挥动的爆发力，而是有所控制，因平高球击球点没有高远球高，随前动作也不必向左肩上方挥动，击球后便制动，手臂停至胸前即可。

正手发平高球——全过程

如何正手发网前球?

发网前球要求球飞过网后即下落,落点在前发球线内。

准备姿势和发高远球相似。抛球后,右脚脚尖用力碾转,身体转至正对球网,同时挥拍呈切削式将球击出,击到球后便做制动,在胸前收回。

正手发网前球——全过程

提示

如果没有做从右向左斜面的切削动作,而是像发高远球一样击中球头向上挥拍,这样的击球不易控制飞行弧度,球过网后往往还向上飞行,容易被对手直接杀球,陷入被动。

正手发球

如何反手发球?

反手发球主要有平高球和网前小球，其发球站位、准备姿势、挥拍击球动作及随挥动作相似，区别在于发力的方向和击球点。反手发平高球，以小臂带动手腕和手指击球，推弹至后场。

反手发平高球——全过程

三种发球方式

反手发网前小球，击球时小臂向斜上方推送，同时带动手腕向前摆动，利用拇指的顶力，轻轻地推送球头的侧后部。反手发网前球应尽可能提高击球点，以降低球过网的弧线，但也要防止超过 1.15 米，造成违例。

第四节　最为基础的后场控球术

后场技术是羽毛球综合技术的基础和核心，也是很多羽毛球培训的入门课程。后场技术动作包括击高远球、吊球、杀球等。后场每一项击球技术可由正手、头顶和反手三种击球姿势完成。线路均可分为直线和对角。

最基础的后场击球技术是什么？

高远球是后场击球技术的基础，其他击球都是在高远球基础上的"延伸"技术。高远球的目标是从球场的任何一点，以较高的弧度将来球回击到对方的底线区，逼使对方退至底线回击，减弱其攻击力，也给自己留有更多的准备时间。

1. 准备

- 左手自然上举以平衡身体
- 右手握拍屈臂举拍
- 侧身使左肩对网
- 左脚在前，右脚在后，重心在后脚

2. 引拍

● 球拍上提并向后引，
右肘上提，使拍框
在身后下摆

● 身体向左转动

3. 击球

★ 击球点在
右肩上方

● 持拍手臂在几乎伸
直的情况下，以正
拍面击中球头底部

● 小臂内旋加速
带动手腕向前
上方挥拍

● 右脚蹬地向左
转体转髋

4. 随挥

● 右手顺势向左下方减速摆臂

● 重心移至左脚

高远球动作分解

高远球五步法

引拍

提示

用拍面击打球头的正下方，则为直线球；击打球头的右下方，则为对角球。

正手高远球——全过程

为何总是打到球框？

打到球框，除了球感差之外，也可能是拍面不正导致。

 转体错误 ✗

正确姿势是侧向球网，击球时伴随转体，如果身体正对球网，则有可能导致在挥拍转体时反而打不准。

 引拍错误 ✗

错误击球

引拍时拍框要在身后下摆，有些球友只是把球拍上举，肘部伸得太直，不是"鞭打"球，而是够着球打，也容易打偏。

有些球友虽然能打到球，但怎么都打不远。除了上述原因，问题还可能出现在击球时的发力点。

 转体错误 ✗

正确的击球应该是"鞭打"而不是"扑"或者"推"。需要在脚蹬地后，通过转体，带动髋、腰、肩、肘、腕相继发力，核心收紧，羽毛球的"鞭打"是一个力的传导过程，而不是仅仅依靠小臂和手腕的力量。

 击球点错误 ✗

为何会打杆

击球点离身体太近或太远，都会导致不是正拍面击中球，而是用拍面的切面击球，由于切削的参与而无法产生最大的爆发力。

正手高远球——全过程

如何在被动中打出高质量的高远球？

如果球的位置不理想，就需要调整技术动作，特别是迅速调整步伐到位之后再回球，通常会遇到以下两种情况。

① 头顶球通常伴随着后退，身体正面往往与球网垂直或夹角大于 90 度。与正手高远球相比，正手头顶高远球的击球点更偏左，依靠向左转体、转髋的动力击球。

头顶高远球

② 被动高远球的击球点位于身体后方。

被动高远球

- 球拍后摆引伸到右后下方

- 击球后，拍框随惯性挥至左髋部后恢复至右后方

- 转体、转髋向来球方向移动

- 调整步伐，通过交叉步和蹬跨步调整至理想的击球位置

- 身体左转

★ 击球瞬间肘部几乎不动，靠手腕、手指发力

提示

注意步伐和击球的时机，如果起动慢、移动慢、蹬跨步小，会造成移动不到位，可能会使球的落点太靠近身体，不利于挥臂发力。

如何被动中回球

如何打反手高远球?

能否打出漂亮的反手高远球，几乎是业余球友进阶的一道标志性门槛。

反手高远球

● 球拍和胳膊之间呈 V 字形，肘部上抬

● 向左后方引拍

● 小臂极速外旋，拇指和手腕发力

● 右脚向左边迈出，向左转体、转髋，背对球网

提示

如果用拍面击球头正下方，则回球为直线，

如果击打球头的左下方，则回球为对角。

反手高远球

如何打出过网急坠的吊球？

吊球的准备姿势、挥拍击球动作及随挥动作均与高远球相近，区别在于发力的方向和击球点。

正手吊球

向左转体、转髋，做出划、切或者轻击的动作，使球过网后急速下坠。吊直线球，用正拍面切削球头下方，向前方挥拍；吊对角球，用球拍切削球头右侧，向左下方挥拍。

正手吊球

反手滑板

　　右脚迈向左前方，转体、转髋、抬右肘，向身体左下方引拍，反手握拍，拇指要顶着拍柄的窄面，吊直线球，用正拍面切削球头下方，向前方挥拍；吊对角球，用球拍切削球头左侧，向右下方挥拍。

反手滑板

正手滑板吊球

杀球的诀窍是什么？

在业余球友心中，杀球是最炫的技能。不同的击球点技术动作略有差异，如原地起跳杀球、正手突击杀球以及头顶杀球等。

原地起跳杀球

● 起跳后身体左转，同时后仰，挺胸成弓形

★ 击球点在肩前上方，小臂内旋屈闪腕发力

● 右脚在后，侧身对网

● 随后凌空转体，大臂向上摆起，小臂快速往前上方挥动

● 杀球后小臂随惯性往体前回收

提示

1. 杀直线时，拍面向正前下方发力，击打球头的中后部，杀对角时，用拍面向右斜下方击球。

2. 杀球和高远球主要区别在于击球点。杀球的击球点比高远球要靠前，尽量位于身体前方，这样有助于下压发力。

正手头顶杀球

● 靠腰腹的力量带动大臂，同时小臂和手腕联动发力"鞭打"

● 调整步伐，通常左脚向后移一步，而后右脚迅速侧身向左后退一大步并迅速起跳

● 落地时左脚后撤较大，确保重心不后倒，并能更快回动

杀球

反手杀球

杀球为何压不下去

劈吊、劈杀、点杀的区别是什么？

● 劈吊

击球瞬间球拍减速，用斜拍面切球头的右后侧，动作快，力度轻，劈吊牺牲了球速但获得了更大的角度控制，理想的劈吊可以将球控制得非常贴网，落点在前发球线内，但因为球速慢，也容易给对手提供抢网的机会。

● 劈杀

劈杀同样是用"劈切"的动作，用球拍的斜拍面切击球头，但追求更快的球速，也会牺牲线路的角度，出球通常不如劈吊贴网，由于球速较快，可以限制对手的抢网。

● 点杀

点杀的动作和常规的杀球一样，但动作更小，更加隐蔽和突然，不同之处在于，点杀在击球的一瞬间迅速停拍，球的飞行线路陡直，落点几乎都在前场，多靠网前。

劈吊

提示

劈吊主要用于变换比赛节奏和调动对手，而劈杀追求杀球的落点，点杀则是一种突击性技术。

第五节　中场的攻防转换

羽毛球的中场击球技术主要包括接杀球和杀球。中场接杀球主要有挑高球、平抽球、放直线小球和勾对角小球。

正手接杀放直线小球

如何接杀放直线小球？

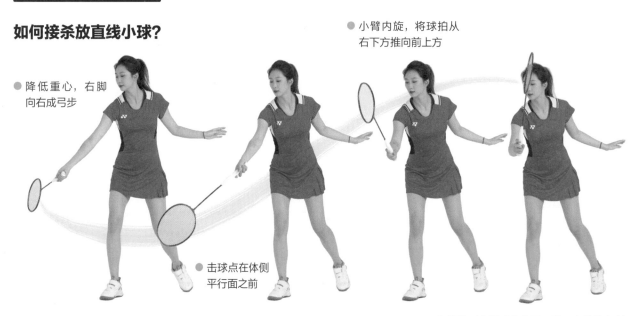

● 降低重心，右脚
向右成弓步

● 小臂内旋，将球拍从
右下方推向前上方

● 击球点在体侧
平行面之前

● 借助对方杀球的力量，以一定的仰角斜
拍面向前方推送切击球头的底部

反手接杀放直线小球

● 身体左转并前倾，右肩对网，肘部弯曲，手腕外展

● 小臂带动手腕，从左前方向网前挥拍

● 拍面与地面近似垂直保持一定角度，呈直线将球平挡过网

正手接杀勾对角线小球

如何接杀勾对角线小球？

正手接杀勾对角线小球，步伐和准备动作与放直线小球一致，击球时拍面调整有所不同。

● 将拍面对准对方的右前场

● 手腕内旋击球

● 带动手腕收回，需要借力甚至卸力

反手接杀勾对角线小球

● 小臂带动手腕，从左前方向网前挥拍

● 右脚向左，快速蹬地转髋

● 拍面与地面近似垂直有一定角度，运用手腕和手指的力量击球

如何打好平抽挡球？

中场抽球有较强的攻击性，需要集中力量加快速度，把在身体左、右两侧及肩以下、腰以上的来球平扫过去。平抽球的主动发力更多，平挡球则更加注重弹击，也可将这两项技术统称为平抽挡。

正手平抽挡

⭐ 击球时小臂内旋，以小臂和手腕发力为主

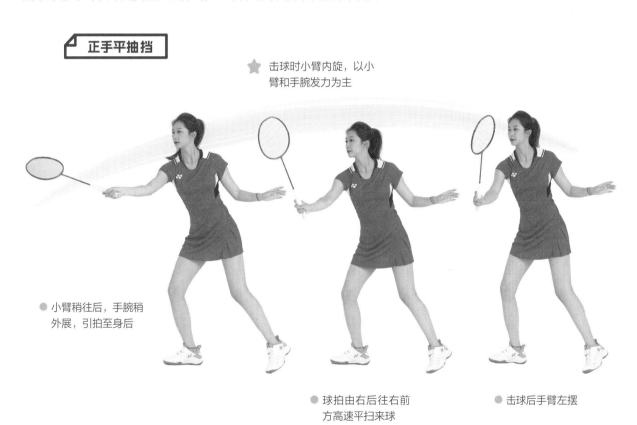

● 小臂稍往后，手腕稍外展，引拍至身后

● 球拍由右后往右前方高速平扫来球

● 击球后手臂左摆

反手平抽挡

小臂外旋，手腕稍内收

击球时髋部右转

通过闪腕的动作将球击向对方后场

平抽挡

提示

1. 为了增加挥拍的速度，正反手平抽挡击球应尽可能短握拍，以缩短挥拍的半径。

2. 连续击球时要及时跟进，力争击球点要高，以保持主动进攻。

第六节　前场的短兵相接

前场球的技术可以细分为被动时的正反手挑球、放网前球，以及搓、推、勾、扑等主动进攻性的技术。

网前被动时如何挑球？

挑球是一种防守型技术，面对对手的吊球或网前球时，将球挑高回击到对方后场。

正手挑球

● 以肘关节为轴，小臂内旋带动手腕

⭐ 运用食指和手腕的力量将球向前上方击出

● 随挥至左肩上方

● 右臂后摆，球拍后引

● 右脚前左脚后，右脚向前跨出一大步，重心前移

正手挑球

反手挑球

● 手腕由外展至内收，手臂由下向上挥动击球

● 上身稍微左转，球拍由身前引向左下方

● 身体重心上提，球拍随惯性向前上方减速

● 左脚后蹬，右脚向左前方跨一大步到位

反手挑球

提示

来球离网较远时，拍面向前上方挥动击球；来球离网较近时，拍面应以由下向上提拉的动作挥动击球。

怎么放网才有效？

放网就是将来到前中场的球，用拍面轻击，使球过网下坠到对方网前区域。

正手放网

● 小臂伸向右前上方

● 击球时尽量选择高击球点

● 右脚在前，左脚在后，蹬跨步至网前

● 小臂外旋，展腕后再收腕，用球拍切削球托

反手放网

● 小臂上举，手腕前屈

● 前交叉步加蹬跨步至网前

● 高点击球，向后下方收腕，切削球头后底部，使球过网后垂直下落

搓球就是放网吗？

搓球和放网看似都是将球击至对方近网区域，但球的飞行路线略有不同。放网是球过网后没有旋转与翻滚，但落点较近网，能适应各种位置的回击，如远网球、被动球，均可采用放网前球的击球技术。这些情况通常以搓球方式比较难达到满意的落点和线路。而搓球的优势在于球过网旋转、翻转性能越强，对方回击的难度就越大。

● 小臂伸向右前上方，并有外旋，手腕稍后伸

正手搓球

● 采用交叉步加蹬跨步至网前

● 击球瞬间小臂外旋，搓切球的右下底部，使球旋转翻滚过网

提示

1. 来球离网远、速度快，则搓球时力量要大些；来球离网近、速度慢，则搓球时力量小些。

2. 特别注意引拍，如果起动太慢，步伐不到位，小臂未伸向前上方，会导致击球点太低。

反手搓球

● 小臂上举，手腕前屈，拍面网带顶端

● 小臂前伸并外旋，手腕由内收至外展

● 搓切球头的右侧后底部

● 前交叉步加蹬跨
步至网前

搓球 1

搓球 2

提示

和杀球等技术动作不同，搓球更注重通过步伐
和手腕来对力量和角度进行控制。

推球和勾球的技术动作有何区别?

　　推球是指对方来球位置较高时，将球推至后场左右两角的技术。推球的飞行弧线较低平，速度较快，具备进攻性。推球可分为正手推直线、推对角与反手推直线、推对角。

正手推球

● 小臂伸向右前上方并外旋

● 推球时，拍面稍后仰

● 小臂内旋，带动手腕由后伸到屈腕闪动，食指向前压

● 用交叉步加蹬跨步至网前

提示

　　球过网飞行弧度的高低，取决于击球瞬间击球点的高低和拍面角度的大小。如推对角，则击球点靠近肩侧前，采用由右至左的挥拍击球路线。

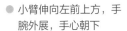

反手推球

- 小臂伸向左前上方，手腕外展，手心朝下
- 小臂稍外旋，手腕由外展到伸直闪腕，拇指顶压拍柄
- ⭐ 击球点在身体左侧前

- 前交叉步加蹬跨步至网前
- 推直线，推击球头的后部
  推对角，推击球头的左侧后部

提示

注意击球点，如果小臂没有伸向左前上方，会导致击球点太低。

勾球是把对方击来的两边网前球用勾的动作回击到对角网前区，好的勾球几乎贴网而过。勾球也是一项进攻性技术，通常和搓球、推球结合好，则战术效果更佳。

正手勾球

正手勾球的站姿及准备动作与正手搓球相同。击球点、发力点和发力方向略有不同，勾球击球瞬间，小臂向身体左侧内旋，手腕内收，闪腕挥拍，击打球头右侧下方，使球沿对角线方向以尽可能近网的角度和路线飞至对方网前。击球时要注意拍面的变化是由平变竖的过程。

反手勾球

反手勾球的站姿及准备动作与反手搓球相同。击球点、发力点和发力方向略有不同，来球过网时，肘部突然下沉向回拉，小臂外旋，手腕微屈，闪腕时利用拇指内侧向右推送发力，而不是向前发力。球拍触球时，尽量与球的落点垂直，斜切的角度不能太大，否则球容易过高或过远出界。

推球

勾球

网前勾对角

如何扑球成功率最高？

扑球是指在球刚刚越过网顶时，迅速上网扑压。扑球的腕力爆发力强、动作小、出手快。

正手扑球

● 小臂举向前上方，斜对
　球网伸向来球

● 右脚向来球方向跨一大步，同时
　提高身体重心

● 小臂伸直内旋，带动手腕从右
　向左屈腕，将球向左下方挤出

反手扑球

● 球拍随着小臂向前伸举，手腕外展，拇指顶压在拍柄宽面上

● 身体向左前方跃起

● 小臂伸直外旋，带动手腕外展，拇指顶压，挥拍扑球

反手扑球

提示

如果来球太接近网顶，可以从左向右滑切球，避免球拍触网。

第七节　球场上的凌波微步

羽毛球技术的发挥必须以步伐到位为基础，在羽毛球场的不同位置需要使用不同的技术，也需要相应的步伐过渡和连接。

羽毛球步伐如何启动？

为了迅速移动，在准备启动时脚跟"虚"提，伴随着膝盖微屈，身体保持随时可以"弹出"的松弛状态。与准备时的"虚"提不同，启动时则要双脚蹬地发力，力要"实"，力量足，速度快。伴随移动和转髋、转体，击球后利用惯性和制动使步伐回位，准备下一拍击球。

步伐的启动要用到"启动步"。所谓启动步是指在对手击球瞬间，自己的步伐也随即启动，双脚稍微起跳离开地面，使得身体由地面反弹起来，落地瞬间微微"弹"出去，启动步的目的是给移动一个初始速度，之后紧接着其他步伐形成流畅的移动。

何时使用交叉步？

左右脚交替向前、向两侧或向后移动为交叉步，交叉步的步幅很大，移动过程中身体的重心较为稳定。向后交叉步是在打后场球时后退的重要步伐。

向前交叉步

交叉步

● 伴随着重心前移，右脚
　向前迈出一大步

● 两脚开立准备　　● 左脚向前迈出

向后交叉步

羽毛球专项步法

● 两脚开立准备　　● 伴随着重心后移，左脚通过右脚后方，向右迈出一步

何时使用蹬转步？

为了在移动中同时调整身体重心和位置，尤其是通过快速转体蓄力准备击球，经常要用到蹬转步和蹬跨步。蹬转步是以一脚为轴，另一脚做出向前或者向后的蹬转迈步，蹬转的同时伴随着跳挥。

蹬转步

● 跳起时向右转体、转髋

● 启动时双膝下沉，左脚蹬地发力

● 右脚在落地后蹬地发力，同时伴随跳挥，完成击球

提示

蹬转步强调快速移动的同时侧身转体，常用于后场头顶区的击球，或者前场向中后场移动时的快速截击。

蹬跨步

● 左脚跟随，在地面做出类似拖拉的动作，以缓冲跨步的冲力，保持平衡

● 右脚蹬地起跳击球

● 左脚用力蹬地的同时，右脚向来球方向跨出一大步

提示

在后场的底线两角抽球时经常会用到蹬跨步。

两边后场步法

上网该配合什么步法?

视来球距离的远近,可运用并步、交叉步、蹬跨步等方式上网,选用一步、两步或是三步移动来击球。

正手蹬跨步上网步法

● 左脚蹬地

● 右脚脚跟着地制动

● 为防止身体向前冲力过大,脚尖可稍向外倾,左脚"刮"地向跨步脚(右脚)靠拢

反手蹬跨步上网步法

● 左脚蹬地,身体左转,右肩对网

● 右脚向来球方向跨一大步,右脚脚跟着地制动

● 左脚脚尖内侧拖行

正手交叉步加跨步

杀球上网步法

● 左脚向身体右前方来球方向迈出一步

● 右脚向来球方向跨出一大步

● 右脚脚掌外展，脚跟着地

反手交叉步加跨步

提示

如来球距离较远，可采用交叉步加跨步上网。

● 左脚先向左前方迈第一步，着地时直接蹬地

● 右脚做交叉步，向左前方迈出一大步

● 左脚脚尖拖地辅助支撑制动

接杀球该用什么步法？

中场接杀球，主要使用正反手两侧移动步法。

正手蹬跨步接杀球

● 以左脚前脚掌为轴心，向右侧的来球方向蹬地起动　　　　　● 右脚向来球方向跨步击球

提示

击球后右脚迅速向中心位置撤回一步回位。当来球较远时往往仅用跨步无法接到，需要再加一个垫步。

反手蹬跨步接杀球

● 左脚蹬地发力，
　转体、转髋

● 右脚向左跨出一步，落地时右脚脚掌外展。
　左脚脚尖内侧拖地滑动

两边接杀步法

马来步和中国跳的区别？

有些步法有别样的昵称，如自媒体中非常流行的"马来步"和"中国跳"。

马来步

马来步和中国跳的核心区别就是"是否转体"。马来步会在后退中调整重心，以右手持拍手为例，最后右脚蹬地的同时完成转身并击球。

　　而中国跳则更为快速简洁，移动中将重心调至左脚，蹬地不转身起跳击球，其特点是节奏更快，但对下肢爆发力、核心力量以及身体协调性要求更高。转身并击球。

中国跳

马来步

中国跳

Chapter 4

Talent and Effort of Badminton Players

第四章

羽毛球员的
天赋和努力

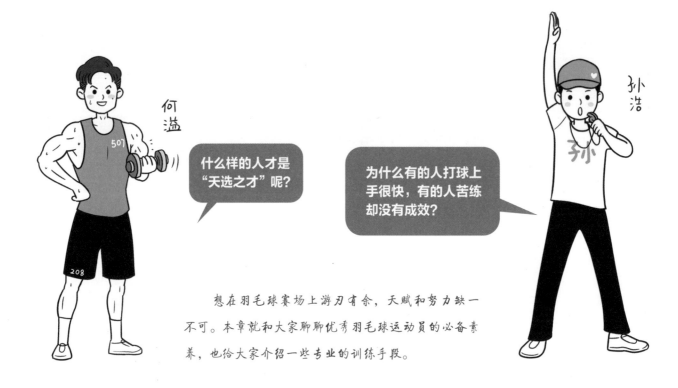

想在羽毛球赛场上游刃有余，天赋和努力缺一不可。本章就和大家聊聊优秀羽毛球运动员的必备素养，也给大家介绍一些专业的训练手段。

第一节 羽毛球的基本素养

羽毛球运动也是"大力出奇迹"吗?

力量是竞技体育争逐的核心要素,但和举重运动员追求的绝对力量不同,羽毛球运动更强调爆发力。我们看到职业羽毛球运动员可以打出堪比动车时速的扣球,小小的羽毛球能在他们的击打下轻松打碎西瓜、击穿纸箱甚至是击碎玻璃,这就是羽毛球运动员强大爆发力的体现。

什么是"爆发力"?

爆发力是指人体在最短时间内,克服自身阻力后所能移动的最远距离或达到的最快速度,可以使巨大能量在瞬间释放。爆发力是力量和速度的综合。羽毛球拍的重量相差无几,那么谁能以更快的速度挥动球拍,谁的爆发力就更强。

为什么羽毛球场少见"大块头"?

肌肉收缩速率主要依靠神经纤维快速反应的能力和神经与肌肉的兴奋性,过多的肌肉量反而会提高发力时的阻力,影响发力的速度,所以运动场上几乎看不到"大块头"。

羽毛球运动的爆发力体现在哪?

羽毛球运动员的爆发力又可细分为下肢的爆发力和上肢的爆发力。下肢爆发力包括步伐中的启动、蹬转、变速、转向等,上肢的爆发力主要体现在击球时的闪腕、弹击等,可以说羽毛球的技术动作是以爆发力为前提来提升击球速度和力量的。我们经常听到准备时放松、击球时瞬间发力就是一种爆发力的体现。而如果全程发力,不仅容易动作变形,还容易在力量传导的过程中卸力,这也造成很多初学者使出蛮力,但是球打不远。

速度和耐力可以兼顾吗?

"快、狠、准、活"四个字是羽毛球运动的技术核心,其中"快"是核心中的核心。但羽毛球运动强度大、节奏快,不仅需要在某个技术环节"快",还需要将"快"维持在一个稳定的状态,这种能力就是**速度耐力**。如果只拥有充沛的体能,而缺乏维持高速度的能力,这种耐力也无用武之地。所以单纯的速度和单纯的耐力都不构成羽毛球的基础动能,维持更长时间快速运动的能力才是核心。

速度耐力的表现分为两个方面,一是速度的产生,二是速度的维持,在不同的速度下,耐力水平也会随之产生变化。

维持长时间快速运动的能力是需要"成本"的，人体的三套供能系统在羽毛球运动中都会有不同程度的运用，但其中糖酵解供能系统能力的提升对于提高速度耐力是最有价值的。多球训练、变速跑、200 ~ 400 米间歇跑等符合**高强度、短间歇**要求的训练就是为了提升这一供能系统的能力。当你的糖酵解供能系统能力出众的时候，在捡球、擦汗甚至是战术性的"争执"过程中，身体机能就可以迅速恢复，为下一球的快速移动储备好能源，成为羽毛球场上的"永动机"。

预判是一种天赋吗？

顶级职业选手会有较强的"预判"能力，能抢先封控线路，抢先发起进攻。除了长期比赛积累的经验之外，这也反映了一个羽毛球运动员的基本素养，即**反应时**。简单来说，就是面对来球时的反应速度。

有一种简单的方法可用来测试反应时，就是将硬币贴墙放下，要求球员用手掌将下落的硬币摁在墙上，这个简单的测试可以通过两个标准来判定球员的反应时，一是是否在硬币降落初期摁住，即测试硬币的滑落距离，二是使多枚硬币先后落下，测试球员的成功率。

我们回到羽毛球场，可以发现反应时其实包括了两个方面，一是看到来球后是否能在最快的时间内做出反应，二是能否做出迅速有效的击球，做出连贯的战术配合。这也考验着球员的先天反应速度以及后天养成的综合战术素养。

为何一动起来就打不准球？

有些球友打了一会儿球就会动作僵硬变形，也有的球友总不知道往哪使劲，明明用了很大力量，但球却绵软无力。除了技术动作不规范之外，另一个原因就是协调性差。协调性往往是球友们容易忽视的一个羽毛球核心素质。

羽毛球不仅是手、眼、脚的配合，任何一个简单的技术动作都包括了从脚到腿、到腰、到大臂、到小臂，再到手腕甚至手指的动力链传递。要在力量传递中尽量降低损耗，或者说利用全身的力量，而不是单纯靠手臂力量击球。初学者往往最大的问题就是上下肢配合不协调，羽毛球的技术动作不是单纯的下肢动作加上上肢动作，而是在移动中调整重心，注视来球，并提前做出引拍和转体，为最后的击球做准备，这些技术的基础就是良好的身体协调性。

第二节　羽毛球的必修课

爆发力、速度耐力、灵敏性、柔韧性是羽毛球项目的必备素质，对于业余球友来说，无法做到面面俱到，但仍然可以通过一定的训练来扬长避短。针对业余球友的实际情况，如何做到有针对性的训练？如何在忙碌的学习和工作中制订适合自己的训练计划呢？试试下面这些方法。

爆发力突破——如何训练才能"蓄力"？

羽毛球的挥拍是一个典型的鞭打动作，挥拍时需要身体不同部位按一定顺序进行发力，将力量与速度传递到球拍末梢，如果技术不熟练导致发力顺序错误，那么在击球瞬间球拍的速度就无法达到最大。所以，想要打出像子弹般的杀球，相比于"力拔山兮"的硕大肌肉，我们更应该追求更流畅的发力动作，从而获得更快的击打速度。

如何训练才能让力量链更完整？才能让目标肌群的发力更有效？下面我们就来介绍一些"蓄力"的训练手段。

一、下肢横移及弹跳力量训练

1. 屈膝提踵

动作要领

双腿微微屈膝后，迅速抬起脚跟做提踵动作，随后脚跟缓慢落地，重复上述动作。动作可轻松完成时再尝试单脚的提踵练习。

屈膝提踵

单腿屈膝侧向蹬地

2. 单腿屈膝侧向蹬地

动作要领

右腿支撑微屈膝，左腿抬起，身体稳定后蹬地发力向左侧快速跳跃，随后以左腿落地支撑，然后反向重复这一动作。

侧向蹬地时尽可能减少向上发力，将身体以平移的方式进行移动。熟练后可增加向前、向后的角度，提高斜侧方向发力的能力。

3. 动态腿交叉下蹲

动作要领

双脚开立，右腿从左腿前侧迈向左边，微微屈膝 30 度后，快速蹬转到起始位置。主要模拟在后退过程中的蹬转动作。

动态腿交叉下蹲

二、上肢鞭打力量训练

1. 抖腕挥拍

动作要领

手持球拍，依靠手腕发力使拍头前后挥动，模拟半程挥空拍动作。

2. 挥拍高位击打

动作要领

将一布条悬挂于持拍上举时能勉强接触到的位置，站立于布条正下方，后退一小步持羽毛球拍以完整挥拍动作尽力击打布条，每次挥拍应找到力量汇集于顶端的感觉。

发力训练

挥拍发力训练

抖腕挥拍

速度耐力突破——如何才能成为球场"小马达"？

想成为羽毛球场上的"永动机"，传统的通过跑步等提高心肺能力的训练远远不够，速度耐力的专项训练才能让你在节奏快、间歇短的比赛中快人一步。训练中要注意几个原则：一是以多方位移动训练为主；二是合理分配速度提升与耐力维持的训练比例；三是注重技术动作的规范连贯，以降低不必要的损耗。下面介绍几个提升速度耐力的训练方法。

1. 球场变速跑

动作要领

在田径场中，直道以最大速度冲刺，弯道则变为慢跑调整，以 400 米为固定距离，训练变速跑能力。

2. 低重心四点跑

动作要领

站立于羽毛球半场中心位置，以固定顺序向四个角处移动，触及边线后返回中心进行下一次的跑动。

3. 多球训练

动作要领

双人配合，发球为一个网前，一个后场，尽量以定点球为主。训练接球者的前后移动能力。在此基础上也可发多角度前后场，发球节奏为：慢——快——慢。

hi~

变速跑训练

灵敏性突破——如何才能"静如处子，动如脱兔"？

对方击球时不能盲目移动或做出动作，否则容易被对方抓住空当，此为"静如处子"，而一旦对方做出击球动作，则要迅速判断做出反应，这就是"动如脱兔"。提高反应时，并进一步提高击球效率，也需要做出相应的专项训练。这些训练主要以中前场训练为主。

1. 网前训练

动作要领

可以分为搓球、勾球、扑球的多球训练。第一组以训练搓球和勾球为主，发球者不规则地发前场球，接球者必须迅速以搓球或勾球做回球；第二组以更近网的扑球为主，击球速度加快。

在此基础上也可遮挡住球网，使接球者无法判断来球线路，训练其即时反应。

上述训练不仅是对反应速度的训练，也包括了对基础步伐的训练。

2. 中场平抽训练

动作要领

中场平抽训练也是训练反应时的常规练习，练习时需正反手结合。平抽节奏也可由慢到快。

3. 灵敏跑

动作要领

训练员敲击球筒，一声往前跑，一声往后跑，伴随着指令间隙的长短训练球员的灵敏性。

灵敏性训练

协调性突破——如何才能成为"灵活的胖子"？

对于体重偏重的球友们来说，在球场上移动的确是个大难题，但我们也能在赛场上看到灵活的"重量级"选手。也有一些球友虽然体重不大，但协调性却很差，转身移动都比别人慢半拍，下面我们就介绍一些提升协调性的专项训练方法。

1. 专项步伐

动作要领

以各类跳跃性动作结合起来的协调性练习。

（1）小碎步
身体微屈，前脚掌着地，左右脚快速交替点地作小碎步。

（2）左右弓步跳
向上跳跃后以弓步姿态向左或者向右落地，并重复该动作。

（3）左右开合跳
做开合跳动作，但落地时依次以左脚或右脚先着地。

2. 敏捷梯训练

动作要领

用敏捷梯辅助，如果没有梯子，也可以画方格线。

（1）顺序前进步
　　前脚掌着地，每步落在方格以内，要求动作连贯，按方格顺序，不跨格。

（2）横向滑步
　　身体横向站立，两脚平行滑动，依次落入小方格内，按方格顺序，不跨格。

（3）横向前后步
从身体横向站立开始，两脚依次踏入小方格内，再依次踏出小方格外，按方格顺序，不跨格。

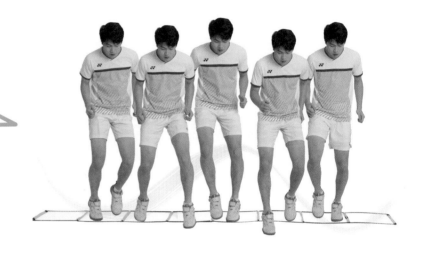

（4）竖向左右步
竖向前进，一脚先进，另一脚再进。竖向进，横向出，按方格顺序，不跨格。

（5）横向前后交叉步
左右脚交替横向移动，一脚一格，移动中伴随着转髋、转胯，不跨格。

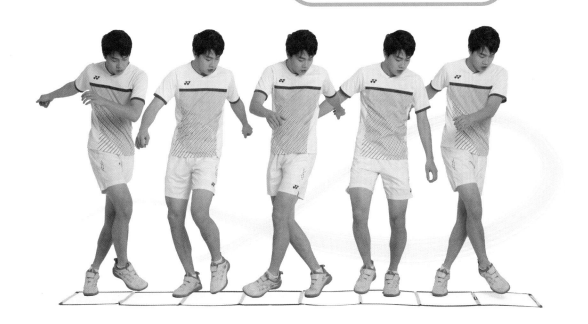

（6）竖向外内外交叉步

　　竖向前进，右脚进格，左脚跨过格移至格外，随后右脚同样移至与左脚同侧格外，而后左脚再进格，以此前进，不跨格。

移动专项步伐训练

Chapter 5

Badminton Tactics

第五章
羽毛球的
球商比拼

尤铭

大家好，我是尤铭教练。

羽毛球是一项全身参与且技术动作丰富多变的运动。比赛中，双方都想控制对手，以己之长克彼之短。面对不同的对手、不同的赛制，比赛的不同阶段需要采取不同的战术，这也是羽毛球球商的比拼。

第一节　单打掌控全场的法则

如何制定战术争取主动？

针对对方弱点制定特定的战术，并根据场上形势调整战术，以此打乱对手的节奏，控制局势。

1. 调动对手位置

对手最有力的位置是处于场区的中心，可全面照顾各个角落。需运用战术将对手调离中心位置，使其场区出现空当，获得进攻机会。

2. 压制回球质量

不给对手轻松进攻的条件，运用平高球、劈杀或网前搓球等技术降低对手的击球质量，使自己获得大力扣杀和网前扑杀的进攻机会。

3. 使对手重心失去控制

在处理网前球或后场球时，利用重复落点或假动作打乱对手步伐，使其身体重心失去控制，因来不及还击或延误击球时间导致回球质量差，处于被动。

4. 消耗对手体力

控制球的落点，最大限度地利用整个场地调动对手，使其在每一次回球时都跑动较大、消耗体力，与此同时尽量减少自己的体力损耗，动作放松，采取高效的步伐移动，准备在对手体力不支时采取致胜的一击。

如何制定发球战术？

● 发后场球

后场球飞行线路长，发高远球到后场会使得对方不易采取进攻。一般会在以下情况发后场球。

比赛开局阶段
对手移动速度较慢
追分时，对手急于上网得分，这时可连续发后场球
对手的接发球站位比较偏

● 发追身球

球直接追向对手身体，尤其是上半身，会迫使其压低身段或强行侧身回球，不仅打乱对手节奏，也会造成回球质量下降。

● 变换节奏发球

不要用同一种节奏发球，有时拿起就发，有时则可以延缓发球，在赢球势头正盛的时候，则要加快发球节奏，给对方进一步施压。为了抑制对手进攻，可以发前场为主，同时偶尔偷袭后场，给对方施压。

● 反手发球

多运用反手发球，其动作小、隐秘性强，对方不易判断。

怎么才能发球抢攻?

发球抢攻是比赛的重要得分手段,发球可根据对手的站位、回击球的习惯球路、反击能力、打法特点、精神和心理状态等情况,运用不同的发球方法,以取得前几拍的主动权。

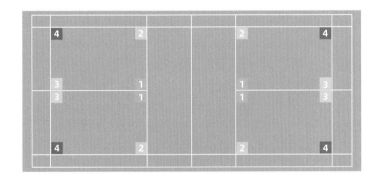

● 羽毛球的发球目标区域一般分为 **1**、**2**、**3**、**4** 号区, **1**、**2** 号为前场区域、**3**、**4** 号为底线区域。

● 发前场区球的目的主要是限制对方进攻,同时通过判断对手的回击球路,提前组织和发动快速强有力的抢攻,直接得分或获得第二次攻击机会。一般情况下主要以发 **1**、**2** 号区之间的球和追身球为主。

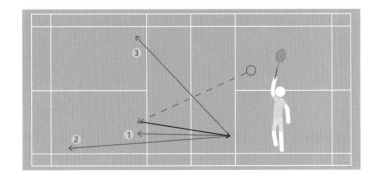

发前场区抢攻战术

● 从右场区发一个 **1**、**2** 号之间的球,如果对方回击直线网前球,处理方法有多种,可快速反搓直线球(**1** 线路),假动作平推直线底线球(**2** 线路),或勾对角网前球(**3** 线路)。

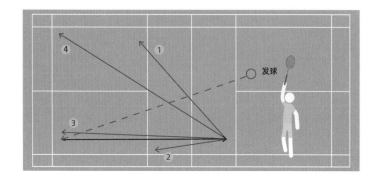

发平高球抢攻战术

● 发平高球一般发至 3 号区、4 号区或发 3、4 号区之间。
发平高球的目的：一是为了偷袭对方后场；二是为了
打乱对方节奏，逼其采用平抽快打的打法；三是为了
把对手逼至后场区而造成网前区的空当。

● 如当对手从右后场区杀一直线球时，可选择以下几条
守中反攻球路。

① 勾对角线网前球。
② 挡直线网前球。
③ 反抽直线球进行对攻。
④ 反拉左后场平高球。

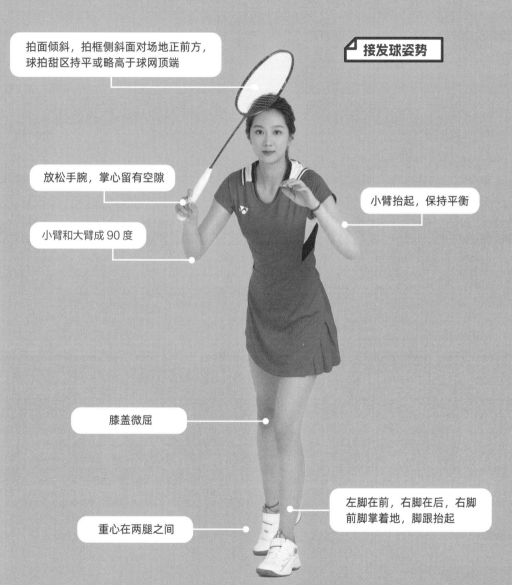

拍面倾斜，拍框侧斜面对场地正前方，球拍甜区持平或略高于球网顶端

放松手腕，掌心留有空隙

小臂和大臂成 90 度

小臂抬起，保持平衡

膝盖微屈

重心在两腿之间

左脚在前，右脚在后，右脚前脚掌着地，脚跟抬起

接发球姿势

如何高质量接发球抢攻？

首先要注意接发球的姿势和站位。

发接发准备动作

接发球抢攻战术的前提是对方发球的质量欠佳。如发高球时落点不到位；发前场区球过网时过高；发平高球时速度不快，角度落点不佳等都会给接发球抢攻造成机会。

抢攻战术的完成大多需要由两三拍抢攻球路的组织才能奏效。所以一旦发动抢攻就要加快速度，扩大控制面，通常会伴随抢攻后的快速上网，抓住对方的弱点或习惯路线一攻到底。

如何打乱对手的节奏？

除了重复落点之外，也可以通过线路的调整来打乱对手的节奏。下面就给大家展示几个示例。

● 将球分别击到左前场和右后场，或者右前场和左后场，尽量击打到球场的边角，使对手呈斜线来回跑动。

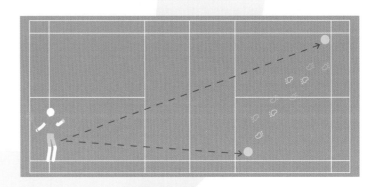

拉对角球战术

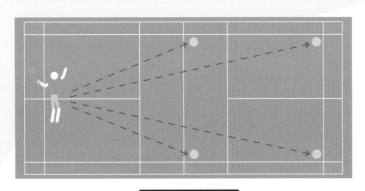

打四方球战术

● 将球分别击向场地的四个角落，使对方疲于接球而无法回到中心位置，从而失去主动。

● 使用平高球连续攻击对方两边后场底线，这种球对回动上网快但两底线攻击能力差的对手很有效。当对方以吊球、杀球、劈球回击时，运用此战术也可将球压至对方底线处，从而争取主动。

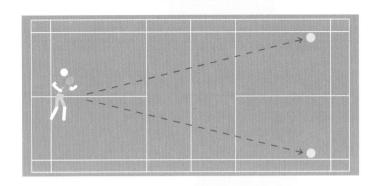

拉开两边平高球战术

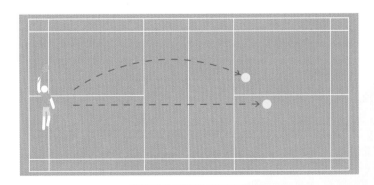

慢吊结合快吊战术

● 慢吊（软吊）是指球从后场吊球至网前的速度较慢，且弧度较大，落点近网。慢吊（软吊）结合高球可以拉开对方站位。快吊（劈吊）是指球从后场吊球至网前的速度较快，出球基本成一直线，落点离网较远。通常在对手站位被拉开，或在身体重心不稳时，采用快吊（劈吊）效果更好。

● 概括地说，就是"直线长杀，对角短杀"。对手需要移动的距离较远，增加了防守的难度。"半场重杀，后场轻杀"是这一战术的概括。

通过拉吊创造出半场球的机会时，应该采用重杀战术。反之后场球则多用轻杀。因为半场重杀，哪怕失去身体重心，也能控制网前，但如果后场重杀，失去重心，则导致上网较慢留出空当。而轻杀则可保持较好的身体重心位置，也利于下一步控制网前。

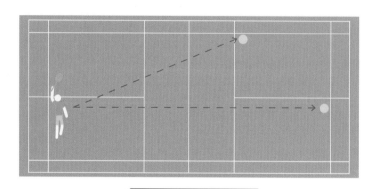

长杀结合短杀战术

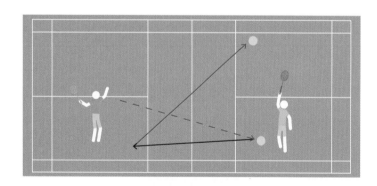

两边勾球战术

● 从网前勾对角，对方回搓直线网前并退后想进攻，这时我们可以再勾一个对角。这一战术用来应对转体差的对手时更有效果。

基本球路

如何取位才能争取主动？

1. 杀球的取位

半场球扣杀时把握性较大，杀球后可以前压，准备在网前回击对方来球。在后场位置杀球时，如杀球的质量和位置都不太好，判断对手接杀挑后场的可能性较大，则不应急于压迫前场，而应向前垫一小步，先判断对方出球方向，然后再移动。

2. 网前球的取位

当搓球或网前小球击球点较高，回球质量较高时，不应立马后退。因为对方回球一般只有两种情况，一是将球反搓过网，二是将球向上挑起。如果是向上挑起，则有时间向后退，此时应防止对方反搓。所以在己方搓完球后，可以稍微向后垫一步，准备封对方回球。如果搓球过高，对手很可能要平推后场，这时就要迅速后退，重点防后场球。

3. 接杀球的取位

接杀球的位置移动，要跟着出球的路线走。如果回直线球，身体应面对直线，侧重防对方回直线的半区，如果从左右半场回对角线球，身体就要向左或向右，在半场区移动。

4. 接高球和吊球的取位

在后场回击高球或吊球时，如能够打出弧度很平的高质量直线平高球，可不必回到球场中心位置，只需稍微向中心位置跟进一点即可。如果回击对方对角后场球，则向球场中心位置的移动就要大一些，重点放在对方回击直线的吊球或后场球。如果回击直线球，那么向球场中心位置的回位移动可以小一些。

第二节　双打互补的要领

双打如何做好发接发？

第一拍发球，第二拍接发球，第三拍是发球后的连续，这前三拍是羽毛球技战术的重要环节，也贯穿着从一开始争取主动的战术意识。发接发在双打战术中尤为重要，一是因为发接发环节体能消耗较小，一旦进入节奏，可连续得分；二是发接发中占据主动，可以弥补中局的短板。

战术 1　压后场而不是推中场

很多业余双打球友喜欢接发球推中场，这种线路威胁性不大，对于刚配对不久的双打球员来说可能会出现抢球的局面，但如果商量好中场球全部由后场球员接，这个问题也就解决了，所以接中场球大多以压对方后场为主。

战术 2　让对方先分边

接发球常规球路包括推两边、软推两边、拨两边等，也有软推中路的套路。这时需要球飞过对方网前的人后下落，使站在后面的人接球时点很低，不得不靠近前者后背。

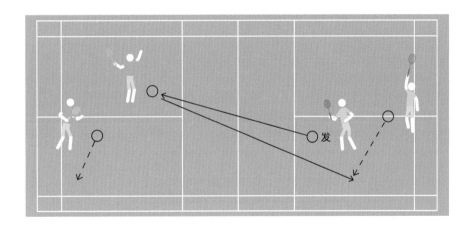

当发球方击打第三拍时，形成了一人网前另一人边线的站位，而接发球方则形成一人网前另一人底角的站位。此时发球方的第三拍绝不可能再打对角了，因为另一侧的空当无法补救，而剩下的点对方都有人提前取位，所以只剩下直线起球一个正确选择，也就是说，前三拍之后就要被迫防守了。

战术 3　推压反手区

发接发推压对方反手区是常用办法，但由于保护反手的意识增强，要想取得更好的压制效果往往要在发接发推压反手区的同时，配合突击对方正手区的套路。

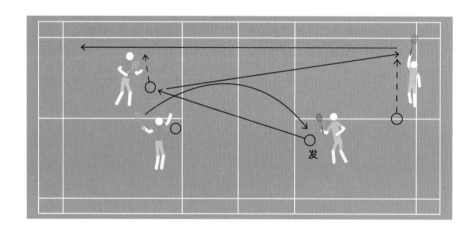

发接发战术-推压反手区

左区球员接发球推对方正手底线后的移动，叫"撤步封直线"，这是两个右手组合的常规球路。注意匀速撤步时保持举拍。此时右侧球员占位要靠近 T 字，方便迅速占点。

当然，这个战术仅适用于在左区接发球，如果换做在右区接发球也使用这个战术，当对手第三拍回球到己方反手网前时，就会使己方形成反向轮转，左区球员上网接球后，右区接发球人反向补到反手后场进攻，这显然难度极大。

双打有哪些发球战术？

发球站位

发球运动员在前，搭档在后场。发球运动员在发球后可封堵前场，通过扑球、搓球、放网、勾对角等方法打乱对方节奏，组织球路并封堵网前伺机进攻；后场球员则可以进行后场的调度和连续扣杀。

根据发球运动员离前发球线的距离，我们可将发球站位分为以下三种（发球时，队友的站位不同）。

1. 发球者紧靠前发球线和中线

这种站位始于反手发网前内角球，球过网后球头向下，不易被对方扑击。由于站位靠前，也便于第三拍封网。但站位靠前不利于发平快球，一般发网前内角球，同时配合发后场的外角位平高球。

2. 发球者站位离前发球线半米，靠中线

这种站位发球的选择面较广，正、反手都可发网前球、平高球，可以选择各种路线。缺点是球的飞行时间长，对方有较多时间判断处理，发球后如果抢网较慢也容易失去网前主动权。

3. 发球者站在离中线较远处

这种站位主要用于在右场区以正手和左场区以反手发平快球攻对方双打后发球线的内角位，配合发网前外角。这种发球只能作为一种变换手段。因为这种发球只对反应慢、攻击力差的对手有一定威胁，但当对方有准备时作用就不大了，而且还会使自己陷入被动。

发球路线

发球路线和落点的选择需注意如下几点。

1. 调动对方站位，破坏对方打法

如对方甲、乙两名队员站成甲在后、乙在前的进攻队形，表明甲的后场能力更突出，而乙主要负责前场。这时发给乙的球主要以后场为主结合网前，而发球给甲时却要以发网前为主结合后场，这样从发球起就阻止了对方调整站位。

2. 避实就虚，抓住对方弱点发球抢攻

看接发球者的站位，如果紧压网前站在网前内角位，可迷惑对方，用发网前球近似的动作发对方后场外角位。如对方离中线较远，则可发平快球突袭后场内角位。

发球时，网前要和后场配合，网前的内角位、外角位，底线的内角位、外角位的配合，使对方首尾难以兼顾，多点设防，疲于应付。

发球节奏

接发球方在准备接发球时，思想虽然高度集中，但因受到发球方的牵制，要等球发出后才能判断、启动、还击。所以，发球动作的快、慢也应在规则允许的范围内有所变化，不要让接球方掌握规律。

发球时可以在心中默数 1、2、3、4、5，有的球数到 1 时发，有的球数到 4 时发，这样变换节奏。

双打接发球如何站位？

接发球按照接发球运动员和其搭档的站位不同通常分为平行站位和前后站位。

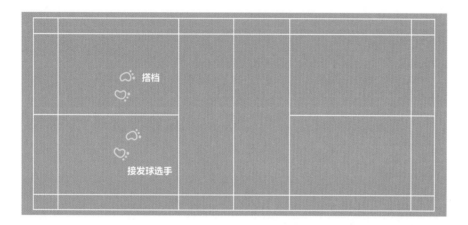

平行站位

平行站位，又称为左右站位，二人分别负责左右半场。站在离中线和前发球线适当的距离，该站位能顾及到场上的各个区域，利于防守。通常女双或者业余球友接发球时这种站位较多。

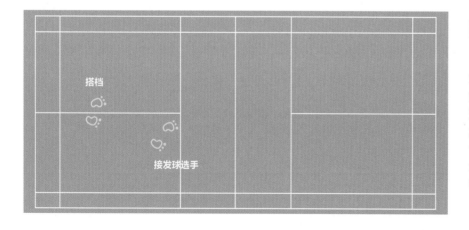

前后站位

前后站位，一般接发球球员站在靠近中线和前发球线的位置，身体倾斜度较大，目的是要进行抢攻，以扑球、跳杀为主来处理接发球。其搭档站在半场中心，一般在其身后的位置，该站位对后场的球员能力要求更高。通常男双或者混双接发球时这种站位较多。

双打如何跑位？

双打的站位并非固定，需要搭档双方互相补缺，既不能抢位，也不能留出空当，所以双打的跑位非常重要，这也是业余球友相对难掌握的战术素养。

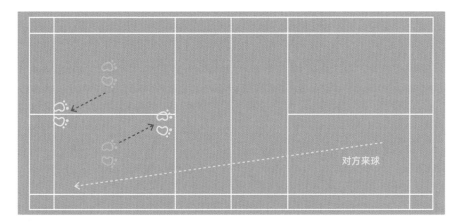

前后站位变左右站位

发球或接发球时为前后站位，但当对方来球处于后场边线时，随着接球运动员的后撤，搭档需立即压前并守住中前场对角线，此时前后站位变成左右站位。

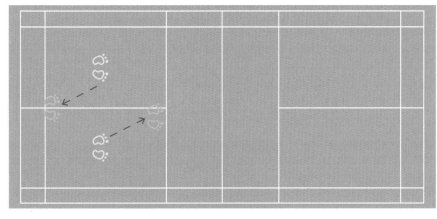

左右站位变前后站位

而如果发球或接发球时为左右站位，一旦在比赛中处于进攻态势，则可以一名球员迅速上网封堵，另一名球员移动到后场进行进攻。

双打接发球的常规线路有哪些？

1. 接发内角位网前球

可扑或轻压对方两边中场，或打发球者的追身球。

2. 接发外角位网前球

除了上述线路外，还可以平推对方底线两角的方式调动对方一名队员至边角，扩大对方另一队员的防守范围。

3. 接发内角位、外角位后场球

可打发球者的追身球。如启动慢，可用平高球打到对方底线两角。如发球者后场球发出后便后退准备接杀，则可吊球至发球者的对角。

双打有哪些常规战术？

1. 攻人

当对方两名球员水平有差异时，集中压迫弱方，寻求突破；如果对方实力均衡，也可以集中攻击一方，如将球下压至前场，合力攻击前场球员，后场球员上前协助时又会暴露出空当。

2. 攻中路

如果对方是左右站位，可以将球击向对方两名球员的中间，造成对方球员抢接球或同时让球，同时由于打中路，对方回球的角度也小，利于己方封网。

3. 攻边线半场处

这种战术多半是在接发网前球和守中反攻抢网时运用。如果对方是前后站位，可将球击向对方中场两侧的边线，使前场球员难以接球，而后场队员又只能以下手击球放网或挑高球，后场两角便会露出很大空当，因而有机可乘，可攻击空当或身体位。

4. 攻后场

此战术多采用平高球、平推球、挑底线球的方法把对方一人紧逼在底线，使其在底线两角移动击球，在其还击出半场高球或网前高球时即可大力扣杀。如在逼底线两角时对方同伴要后退支援，则可攻击网前空当或打后退者的追身球。

第三节　混双战术分配的要素

混双与男女双的发球和接发球战略有何不同？

发球

　　发球方为女队员，接发球方也是女队员，这时发球方更有优势，因为男队员接第三拍。当男队员接发球时，男队员上网接发能力和第四拍封网能力都比女队员强，这给发球的女队员带来压力。反之，当男队员发球时，他必须兼顾后场，不能像男双一样发球后立即上网封网，因此，发球站位要比较靠后。

　　从发球路线看，主要是以发 ❶ 号区为主，其次是 ❷ 号区和 ❹ 号区，较少发 ❸ 号区。

　　从接发球的球路看，主要是以接发对角球（小对角）为主，特别是从 ❶ 号区接发两边中场球较多，落点大多在两边中场，其次是后场球，放网前球较少。

接发球

混双球路上不论男、女队员接球，大多以拨对角半场、直线半场、勾对角前场以及放网为主。推、扑后场球较少，除非对方发球质量很差。

如果对方发 ③、④ 号区，当女队员发球后分边防守，接发球方可集中攻击女队员防守区，如果男队员发球且女队员只防守一角时，应吊对方女队员前场，杀对方的两边线，因为对方基本上前后站位，对边线防守难度大。

接发球后男队员应保持在后场，女队员则在前场，除非对方发球质量很差，否则男队员接发球不会压制封网，要给自己后撤留有足够的时间和空间。

打弱战术如何执行？

混双的打弱战术主要指针对对方女队员进行战术安排。

1. 获得主动进攻机会时

当获得主动进攻时，对方已形成男女两边防守的阵势时，通常抓住机会攻打女队员，如攻女队员右肩战术、杀吊女队员的结合战术、杀中路至女队员一边的战术。

2. 两边中场控球时

对方打过来的球，己方既不主动也不被动，处于控制的阶段。此时应尽量把球打到女队员的防守区域，注意判断对方女队员的封网意图，要有高质量的过网弧度，弧度要平，不易被对方女队员扑死。

3. 接发球时

当己方接发球时，可直接运用攻女队员的战术，总的要求就是把球回击到前场，如放网，放对角网前，轻推直线半场或轻拨对角网前，这些球都会促使对方女队员跑动回击。

当己方遇到对方男队员水平较高，而女队员相对差一些时，运用这种战术较为有效。反之，男队员水平一般，特别是后场攻击水平一般，而女队员网前封网水平很高，则不使用这种战术。

如何限制对方男队员的发挥？

1. 攻中路

如对方男队员在进行两边中场控制时，己方女队员不易封住对方回击的平球。此时改用攻中路战术，限制对方的优势，如对方还是用以前的角度击球，就有可能造成角度太大而出界，再则因为球在中路，对方易回击直线，己方女队员也易封网。这一战术的作用也使己方男队员的防守范围缩小，特别是对于封直线区角度小得多。

2. 杀对角男队员边线

如采用攻对方女队员的战术，通常情况下对方男队员会尽量站在靠近女队员的一边，特别是和女队员成直线进攻时，就会造成男队员另一侧出现空当。这种情况下，就可使用杀对角攻男队员边线的战术。而如果被对方逼迫挑高球后，女队员退到与进攻者成对角的一区，就不易实行此种战术了。

3. 杀吊结合战术

如对方男队员要防守三个区域，女队员只防守一个区域，也可以运用杀吊结合战术攻对方男队员网前，打乱其节奏。

混双的常规防守套路有哪些?

1. 挑两底线平高球

对方杀直线，己方挑平高对角；对方杀对角，己方挑平高直线，以达到调动对方左右移动的目的。如对方移动慢就无法保持进攻，或盲目进攻也有利于己方反攻。

2. 反抽直线勾对角战术

当对方男队员从两底线进攻站在对角线处的己方女队员时，己方女队员可采用反抽直线结合勾对角战术，这样能最大角度地调动对方，并抓住其漏洞，但要注意反抽必须越过对方女队员的封网高度。

3. 反抽对角挡直线战术

当对角男队员从两底线进攻站在直线处的己方女队员时，己方女队员可采用反抽对角结合挡直线的战术来抓住其漏洞，但同样也要注意反抽必须要越过对方女队员的封网高度。

4. 挡直线、勾对角网前战术

当对方男队员从两底线攻己方女队员时，己方可采用挡直线结合勾对角网前的战术，可以避开后场强有力的攻击。只要挡和勾的质量有保证，还可以变被动为主动，同时，当己方把球打到某一个点时，女队员要逼近封住其直线区，迫使对方打出高球。

Chapter 6

Warm-up and Cool-down Exercises

第六章

不能省掉的
热身和放松

韩东洋

别忘了
热身啊

? 不热身可能导致哪些伤病？

? 有不热身的替代方法吗？

? 羽毛球项目的热身和其他项目有哪些差异？

? 打球之后必须放松吗？

? 放松除了排解乳酸还有哪些功效？

? 时间匆忙没时间放松该怎么办？

本章和大家一起看看上场前和下场后我们该做什么。

第一节　热身也分段位

充分的热身可以避免伤病并且帮助运动员迅速进入比赛状态，但很多球友要么不热身，要么简单动动草草了事。热身看似简单，但其实却有很多技巧和门道。

warm up

徒手如何热身？

　　徒手热身的主要目的是活动基本关节，包括了羽毛球运动中需要涉及的颈、肩、肘、腕、髋、膝、踝关节等。

　　我们可以从上到下依次活动 7 个部位，每个部位做顺时针和逆时针的活动，60 秒左右。其中手腕脚踝运动主要锻炼手腕和脚踝的旋转以及交叉，双手手指交叉，左右脚交替顺时针以及逆时针旋转。膝关节运动则进行蹲下、起立以及内外旋转；腰部和胯部运动的重点是腰部的左右扭动以及左右两个方向的大角度旋转。

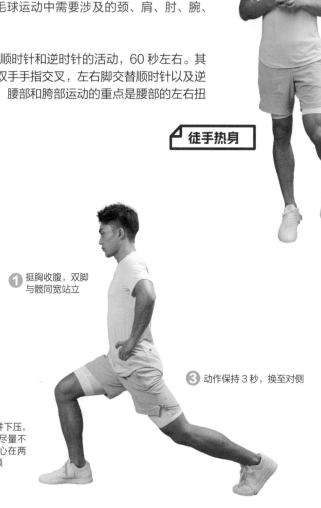

徒手热身

怎么进行动态拉伸？

　　动态拉伸是以完成动作组合的形式实现拉伸效果的热身运动，不仅能够升高体温，还能够改善动作中的关节活动范围，降低肌肉黏滞性，快速、全面地活动身体。下面就给大家介绍几个动态拉伸动作。以下动作交替完成 6 ~ 8 次。

1. 箭步蹲

活动肌群：臀大肌、股四头肌、小腿三头肌等。

❶ 挺胸收腹，双脚与髋同宽站立

❸ 动作保持 3 秒，换至对侧

❷ 跨出一步成弓箭步，并下压，下蹲时前腿的膝关节尽量不要超过脚尖，身体重心在两腿之间，身体不要前倾

2. 抱膝前进

活动肌群：臀大肌、腘绳肌、髋关节屈肌，同时提高平衡能力。

1 屈髋、屈膝，双手抱住小腿，使大腿尽可能靠向胸部，支撑腿始终与地面垂直

2 拉伸动作保持3秒；提踵换至对侧

3. 斜抱腿

活动肌群：拉伸前腿髋关节外侧肌群，同时提高平衡能力。

1 左膝抬至腹部，左手抬膝，右手抱脚踝缓慢用力向上抬

2 收缩左侧臀大肌，保持3秒换至对侧

4. 脚后跟抵臀——手臂上伸

② 伸直右臂上举过头顶，用左手用力拉伸左腿股四头肌

① 背部挺直，用左手抓住左脚面，脚后跟抵臀

③ 动作保持 3 秒，换至对侧

5. 侧弓步移动

① 右腿向右迈出，呈侧弓步，身体重心移至左腿

② 脚尖向前呈深蹲姿势，同时保持右腿伸直，拉伸动作保持 3 秒，换至对侧

6. 最伟大拉伸

② 右臂撑地，左臂向身体后方外展，躯干慢慢向左转体至最大幅度，眼睛跟随指尖，牵拉时收紧后腿一侧的臀大肌

① 右脚向后跨步呈分腿蹲姿，保持左侧大腿与地面平行

③ 动作保持 3 秒，换至对侧

① 俯身，右手支撑地面，左肘触碰左脚的内侧，动作保持3秒，换至对侧

② 双手撑地，左腿从屈膝状态伸直，脚跟支撑，后腿膝关节伸直，拉伸时处于伸直状态，拉伸动作保持3秒，换至对侧

跑动热身是必备的吗？

在活动完关节和拉伸之后，可以进行跑动热身。包括高抬腿、踢臀跑、开合跳、跳绳、慢跑等。跑动热身也是让身体迅速进入状态，为后续的场上热身做准备。

高抬腿

● 配合摆臂，左右交替提起大腿至与地面平行的高度。不要利用上半身左右摇晃来抬高双腿

踢臀跑

● 将脚后跟向后勾起，使其与臀部轻触，左右轮流前进

开合跳

- 跳起的同时，双手举起，手肘略弯曲。落地时，膝盖轻微弯曲

训练前热身

专项热身包括哪些专项？

专项热身是针对羽毛球运动的项目规律而进行的有针对性的持拍持球的热身，这也是羽毛球热身的最后一步，一般活动范围先小再大，可以选择半边场地进行热身练习。热身顺序是网前小球到中前场平抽挡，再到高远球对拉，以及杀接杀、吊球。有球热身也要从慢到快，循序渐进，切勿上场就练习杀球，避免运动损伤。在有球热身中也可以充分适应鞋袜、场地、灯光以及球速。

徒手热身、动态拉伸、跑动热身、专项热身这四个部分的热身都非常必要，一般职业运动员在训练及比赛之前要进行 30 ~ 50 分钟，业余球友也应保证 15 ~ 20 分钟的热身时间。上述热身的动作可以进行选择，但身体每个部位的热身都应尽量做到。

" 第二节　赛后拉伸能续命 "

激烈比赛之后，很多球友为了赶时间会匆匆离场。有人会在第二天开始有明显的肌肉反应，酸痛难忍。解决的方法就是运动后要进行"主动放松"，这不仅利于排解由于剧烈运动而堆积的乳酸，还能缓解疲劳。"主动放松"主要包括静态拉伸和按摩放松两种方式。

可以随时随地做的静态拉伸有哪些？

不需要特别的器材，不挑地点，就可以做静态拉伸，简单的几分钟，可以极大缓解疲劳。

1. 小臂肌群拉伸

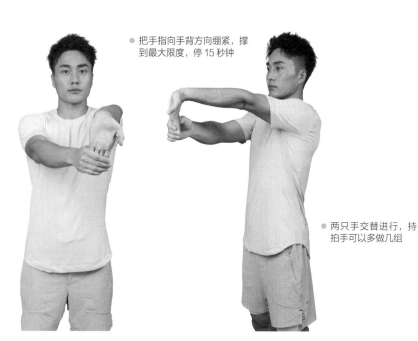

● 把手指向手背方向绷紧，撑到最大限度，停 15 秒钟

● 两只手交替进行，持拍手可以多做几组

3. 肱三头肌拉伸

2. 肩部肌群拉伸

● 右手臂向左边水平
　伸直，靠近前胸

● 用弯曲的左手肘协助右手
　臂伸向左侧至最大限度

● 保持 15 秒，换
　侧重复动作

● 抬起左手屈肘放在背后，用右
　手按着左手肘关节向右侧压

● 保持 15 秒，换
　侧重复动作

4. 交叉伸展运动

● 身体站立，双腿
交叉，右脚在前

● 双手朝地面伸展，
拉伸至最大限度

● 保持 15 秒以上，换侧重复动作

5. 小腿三头肌拉伸

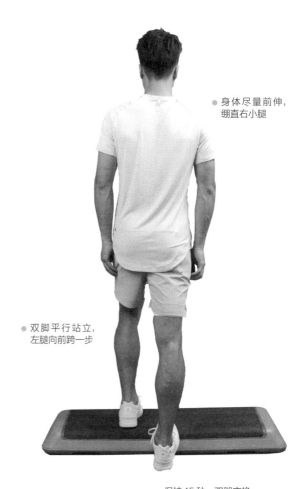

● 身体尽量前伸，
绷直右小腿

● 双脚平行站立，
左腿向前跨一步

● 保持 15 秒，双腿交换

6. 单腿拉伸

● 举起右腿，双手牵拉弹力带
　使小腿在受力中绷直

● 仰卧，背部贴紧地面

● 保持15秒，双腿交换

● 仰卧，右腿弯曲，臀部抬起

● 身体略向左翘起，右腿横跨
　于身体左侧上方向地面拉伸

● 保持15秒以上，换侧重复动作

7. 脊柱旋转伸展

**活动肌群：主要拉伸臀
中肌、臀小肌和胸大肌。**

可以自己进行按摩放松吗？

没有预算和时间，也可以自己进行康复按摩。除了静态拉伸，我们可以借助一些器材，如泡沫轴进行按摩放松。泡沫轴能帮助我们依靠自身的力量进行对抗放松，泡沫轴面上的凸起也能有效刺激肌肉，促进血液的流动和代谢，缓解身体的疲劳。

1. 上背部放松

● 双腿屈膝，将泡沫轴放在背部仰卧，
双手交叉，腹部用力收紧

● 双腿带动身体前后移动，使泡沫轴在
上背部和肩关节的范围来回滚动

2. 臀部放松

● 跷二郎腿坐在泡沫轴上

● 单臂支撑，腹部收紧，支撑腿和手用力带动身体移动，使泡沫轴在臀部范围来回滚动，左右交替

3. 髂胫束放松

● 支撑侧肩关节以及对侧腿用力带动身体移动，使泡沫轴在膝关节和髋关节的范围来回滚动，左右交替

● 手支撑侧卧，将泡沫轴放在大腿外侧的下方，左右交替

4. 大腿前侧放松

● 平板支撑，将泡沫轴放置于大腿前侧

● 肩关节用力带动身体横向移动，使泡沫轴在膝关节和髋关节的范围内来回滚动

5. 大腿内侧放松

● 肘关节支撑，单腿外展俯卧，将泡沫轴放在大腿的内侧下方

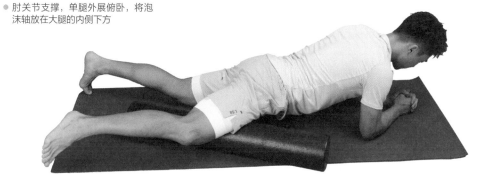

● 对侧腿用力带动身体移动，使泡沫轴在大腿内侧的区域来回滚动，左右交替

6. 大腿后侧放松

● 双腿伸直，将泡沫轴放在大腿下方，双手支撑，腹部收紧

● 双手用力带动身体移动，使泡沫轴在膝关节到臀部的范围内来回滚动

7. 小腿三头肌放松

● 坐姿单腿伸直放在泡沫轴上，另一侧腿交叉靠至受压腿上方

● 通过双手用力带动身体移动，使泡沫轴在膝关节和脚踝的范围内来回滚动，左右交替

8. 胫骨前肌

● 双手撑地，将泡沫轴放在小腿前
侧，脚呈内八字
（侧重按压偏侧面的位置）

● 通过双手用力带动身体移
动，使泡沫轴在小腿前侧
来回滚动，左右交替

　　上述利用泡沫轴按摩放松的过程中，如遇到酸胀处可做停留并稍加压力。除了比赛后的放松，如果在平时遇到一些肌肉酸痛，如因久坐引起的腰部不适，以及长期伏案造成的肩颈和背部紧张，也可用上述方法进行重复按摩，可起到一定的缓解作用。

训练后拉伸

泡沫轴放松

Chapter 7

Rehabilitation
Techniques

第七章

延长运动寿命的
康复秘籍

何溢

 真的有"易病"体质吗?

面对突发伤病如何自救?

如何利用零碎时间对陈旧性伤病进行治疗?

在常规医疗手段之外,有没有实用的运动处方?

怎么做才能延长运动寿命呢?

本章就带大家来了解羽毛球项目的常见运动损伤和康复办法。

第一节　运动处方有妙招

为什么受伤的总是你?

虽然受伤也有偶然原因,但大部分的伤病事出有因,绝不仅仅是倒霉。

首先是热身不够充分。尤其是冬天,不充分热身是造成急性损伤的重要原因。

其次是综合体能不过关。羽毛球球速快,活动区域相对较大,对参与者的速度、反应和体能要求都较高,如果身体素质跟不上运动强度,就会出现"手脚跟不上眼"的情况,也就容易受伤。

再次是技术动作不规范。比如"网球肘"就是由于握拍和击球动作不对造成的。长期的动作不规范还有可能造成疲劳性损伤。所以,即便是有多年经验的业余球友,也应尽量调整自己的技术动作,不仅有助球技的提升,也可以避免运动损伤。

最后是运动器械不适合。比如初学者用高磅球拍,或者穿非专业的羽毛球鞋,都存在很大的伤病隐患。

受伤后要尽快冰敷？

很多影视剧中会有伤后冰敷的场景，到底冰敷有什么作用，是不是像电视里说的那么神奇呢？

冰敷的功能： 冰敷有镇痛的作用，还能收缩血管，避免血液与积液在伤处聚集造成过分肿胀，防止二次损伤。但是冰敷的时间需要格外注意。

流血的伤口可以冰敷吗？

冰敷可以降低局部温度，收缩血管，对止血有一定的作用，但伤口也应及时处理，避免感染，同时也要对受伤部位进行必要的支撑保护。

受伤后 3 天再冰敷有效吗？

冰敷的最佳时间是在受伤后的 24 小时内，可以有效防止伤处肿胀。但受伤 2 ~ 3 天以后已不是冰敷的最佳时间，反而可以进行热敷来活血化瘀。

冰敷的时间越久效果越好吗？

一般来说以 10 分钟为一个冰敷期，两个冰敷期中间应间歇 10 分钟。冰敷的时间太久，也可能导致局部皮肤或者软组织出现冻伤，反而不利于伤处恢复。

为什么手腕这么"脆"？

三角骨

受伤原因

羽毛球技术动作中包含非常多的手腕后伸和旋转动作，巨大压力负荷下手腕部位的薄弱环节三角骨也更易损伤。有些球友的技术动作不够专业，如点杀中喜欢压腕，这样发力也容易导致手腕压力过大，造成伤害。

症状表现

伸展或弯曲痛感强烈，或是在被动伸展如用手撑桌子时有明显不适。

舟骨

球拍对手的反作用力或者扑倒救球时手撑地的作用力都有可能导致舟骨损伤。

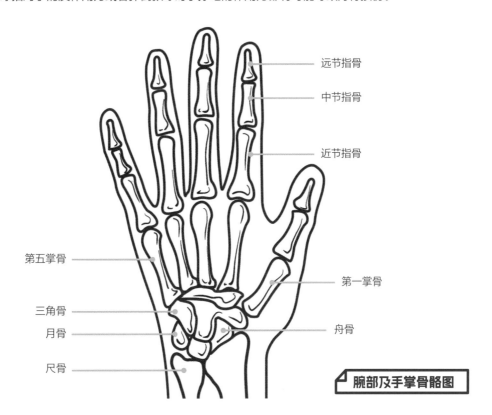

远节指骨

中节指骨

近节指骨

第五掌骨

三角骨

月骨

尺骨

第一掌骨

舟骨

腕部及手掌骨骼图

康复手段

恢复初期：利用哑铃、矿泉水瓶慢做屈腕、伸腕、环转运动练习。

哑铃腕部康复训练

- 控制负重压力，保持动作缓慢进行，若出现疼痛，则减轻负荷
- 每个方向均进行 10 ～ 15 次 / 组，2 ～ 3 组

弹力带腕部恢复训练

力量逐步恢复后：可用弹力带做增强训练。
坐姿，弹力带一端用脚踩住，手心朝上抓住弹力带另一端。

- 弹力带绷紧后，手腕在无痛范围内做内收和外展动作。手心朝下做同样动作
- 10 次为 1 组，2 ～ 3 组

手腕爆发力训练

打羽毛球为何会得"网球肘"？

症状表现　"网球肘"，即肱骨外上髁炎，病症为用力抓握、提举物体或者拧毛巾时感到肘部疼痛。虽然很多活动可以导致"网球肘"，但网球中的反手挥拍击球动作更容易导致其发生，"网球肘"因此得名。羽毛球的很多技术动作都涉及反复伸屈腕关节以及小臂内外旋，所以"网球肘"也是羽毛球运动的常见病。

技术纠正
- 检查握拍。苍蝇拍式握法会导致杀球时过度抬肘，容易增加肘部的负荷。
- 注意杀球时肘部不应过直。正确动作应让大臂和小臂无论在后摆还是前挥的时候都保持一个固定且具弹性的角度。
- 击球点过低或侧身不够也会增加小臂及肘部的负荷。
- 拍线的磅数偏高，中杆太硬，运动时间过长也是"网球肘"的成因。

康复手段

手持球拍旋转练习

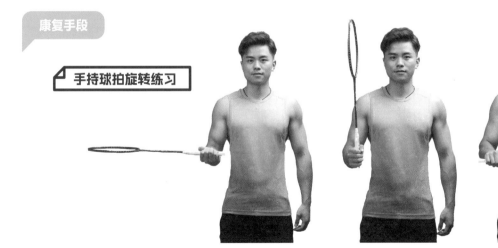

- 大臂与小臂成90度，小臂与地面平行
- 手持球拍，手腕左右旋转，逐步加大旋转角度
- 10次为一组，2 ~ 3组

弹力带旋转训练

● 保持一定张力，在无痛范围内将手腕向外旋转至最大限度，保持 3 ~ 5 秒

● 借助弹力带，手心朝下将弹力带缠于手掌处，另一端在平行位置固定

● 随后缓慢还原回至手心向下的位置，重复动作。10 次为一组，2 ~ 3 组

肩膀刺痛如何康复？

症状表现 肩关节在结构上将上肢与躯干连接起来，充当了"传力轴"的角色。很多初学者发力不正确或者过度疲劳运动都会导致肩关节超负荷、超范围运动而出现伤病。主要表现为肩关节外展、内旋时疼痛、大臂上举过程中疼痛等。

技术纠正 躯干转体需充分。如果击球过程中躯干转体角度不足，会使肩关节增加活动范围产生代偿，容易发生损伤。

康复手段——肩部牵拉放松

◁ 三角肌牵拉放松

- 双手置于背后，用左手平拉右手至最大范围，保持 30 秒为一组，2～3 组，换另一侧牵拉

- 右臂伸直与地面平行，左手压住右臂肘部位置，向身体挤压至最大范围，保持 30 秒为一组，2～3 组。换另一侧牵拉

◁ 三角肌牵拉放松

- 借助橡胶球或网球，将其置于胸肌靠近肩部以及背部靠近肩部中后束作为支点，施力挤压

- 保持 10 秒一组，2～3 组

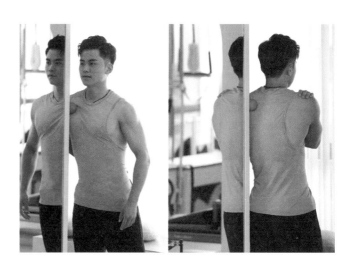

康复手段——肩部力量训练

仰卧画圆

- 仰卧，双手持重物，缓慢地水平画圆，顺时针一圈、逆时针一圈为一组，进行 10 组

爬墙训练

- 面向墙壁，缓慢向上做爬墙动作，伸直至能忍受疼痛的最高位置，保持 10 秒为一组，2 ~ 3 组

弹力带肩袖训练

- 脚踩弹力带，拳心向前，拇指朝上，肩关节外展，范围控制在 0 ~ 30 度内

- 保持肩部稳定，10 个为一组，进行 2 ~ 3 组

为何打完球后腰直不起来了？

症状表现 腰痛包括急性腰部损伤、慢性腰肌劳损以及腰椎间盘损伤等。主要是因为发力姿势不当，动作协调性差以及腰部的过度使用。

技术纠正
- 击球时不转身容易引发腰部疲劳，但如果后场起跳击球转身过大，造成挥拍后速度不降，击球后仍继续发力，也容易造成腰背部的肌肉过度牵拉。
- 反手击球时击球点过高，击球不转身，缺少转体发力，造成腰部负荷过重。
- 被动的头顶球也容易引发腰部拉伤，移动击球时持拍手的腰腹部会被强烈牵拉，要注意步伐到位且击球后的转体收腹充分。

康复手段——腰背肌群放松

腰背肌拉伸

- 跪姿，双手抓住支撑物，上身尽量向地面靠近，使腰背部伸展至最大限度

- 保持 10 秒为一组，2 ~ 3 组

花生球腰背放松

- 仰卧屈膝，脚掌踩地，将花生球放置于腰部脊柱两侧

- 上下、左右顺着脊柱的方向滚动寻找痛点，在痛点处下压保持 30 秒为一组，2 ~ 3 组

仰卧团身

- 仰卧，将双腿收于胸前，双臂环绕于膝盖下固定

- 重心向头的方向转移，感受到腰背处有牵拉感后，使用腹式呼吸进行进一步牵拉

- 20 秒为一组，2 ~ 3 组

康复训练——抗阻力量训练

弹力带抗侧旋能力训练

- 站姿或跪姿，手持弹力带，另一端固定与手平行。将手向前推出后拉回
- 10 ~ 15 次为一组，双侧各做 2 ~ 3 组

核心稳定性训练

- 以肘和脚为支撑点，侧撑于地面
- 将弹力带固定后用手将其缓慢拉回与前送，若膝盖压力大、有不适感，可屈膝以膝关节为支撑点
- 10 ~ 15 次为一组，双侧各做 2 ~ 3 组

站姿旋拉弹力带训练

- 两腿前后站立，后撤腿的同侧手拉弹力带旋转至上腹
- 注意感受腰腹处的旋转发力
- 10 ～ 15 次为一组，双侧各做 2 ～ 3 组

小腹和大腿根部剧痛是怎么回事?

症状表现 大腿内侧与腹股沟有尖锐痛感,两腿开立与行走时痛感明显,可能是腹股沟拉伤。这种运动损伤在许多体育运动中都比较常见。

康复手段——大腿内收肌拉伸

内收肌拉伸1

- 身体直立,右腿向右迈一步,左腿屈膝成弓步,双手前伸

- 身体重心在左腿,臀部用力向下坐,拉伸内收肌至最大幅度,持续 15 秒

- 每组 3 次,换至对侧重复动作

内收肌拉伸2

- 屈膝，两脚相对坐于地上，双手扶脚踝，双肘撑于双膝，背部平直
- 双肘用力下压双膝，上身向前下方移动，拉伸内收肌至最大幅度，持续15秒
- 3次一组，2～3组

内收肌拉伸3

- 双腿分开坐于瑜伽垫上
- 上身保持直立，向前倾身，持续15秒
- 3次一组，2～3组

康复手段——内收肌力量训练

- 侧身躺卧，上方腿置于身体后方保持平衡
- 下方腿向上抬起后保持 3 秒左右缓慢下放
- 10 次为一组，2 ~ 3 组

侧卧抬腿

夹球交替抬腿

- 仰卧，双腿伸直，将瑜伽球放于小腿处夹紧并抬起
- 保持 3 ~ 5 秒，再放下，重复动作
- 10 次为一组，2 ~ 3 组

大腿拉伤该如何恢复?

症状表现 　大腿拉伤的主要症状是大腿后侧的尖锐痛感，行走向前迈腿时疼痛加剧，甚至无法完全伸直。

康复手段——拉伸训练

坐姿腿拉伸

● 坐在凳子上，将伤腿伸直并以该侧足跟为支点

● 上身缓慢向前移动，在到达没有痛感的临界位置时保持 5 ~ 10 秒

● 5 次为一组，2 ~ 3 组

康复手段——力量训练

俯身夹球后伸

- 俯身以手与膝盖为支撑点趴在瑜伽垫上
- 将瑜伽球放在膝盖后夹紧，控制球不掉落，向上伸腿
- 10 次一组，3 组后换边进行

腿部拉伸训练

弹力带后摆腿

- 靠墙或手扶靠椅站立，将弹力带置于脚踝处

- 向后摆腿，在无法继续提高动作幅度时保持 3 秒左右，缓慢下放，过程中小腿不要弯曲，双腿交替做

- 10 次为一组，2 ~ 3 组

膝关节前侧疼痛，使不上力，是什么原因？

症状表现　如遇膝关节前侧疼痛，时轻时重，同时膝关节有乏力感，下蹲到 90 度或超过 90 度时出现膝盖发软且疼痛，表明可能存在髌骨劳损。羽毛球击球过程中，尤其是一些被动回球中常伴随有半蹲位的发力或移动，膝关节软骨受到超生理负荷、过度磨损或损伤积累则容易导致髌骨损伤。

康复手段

肱四头肌拉伸

- 站立，右手抓住右脚踝，把脚拉向臀部，注意不要拱起下背部

- 保持 20 秒后换另一侧，2 ~ 3 组

鸵式平衡训练

- 单腿直立，手平举并缓慢向前俯身，非支撑腿向后抬起保持平衡，随后还原回单腿直立支撑状态

- 10 次为一组，两侧各做 3 组

为何总容易崴脚？

大部分球友都经历过崴脚，但有些球友的遭遇比较频繁，自嘲拥有"玻璃脚"。要想尽量避免崴脚，首先应该穿着专业的羽毛球鞋（本书第二章中有详细介绍），其次要做好专业的步伐训练（本书第三章中有详细介绍），最后是加强足踝部的力量训练。

双脚/单脚提踵

- 双脚与肩同宽，脚尖膝盖在一条直线上

- 以脚趾为轴，把脚后跟缓缓向上抬起，把身体重心逐渐转移到前脚掌上，到最高点后保持 3 秒钟，缓缓落下

- 重复此动作 10 次。在双脚提踵基础上提升难度，改为单脚提踵，同样重复 10 次

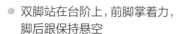

- 双脚站在台阶上，前脚掌着力，脚后跟保持悬空

- 可进一步增加难度，使脚后跟低于前脚掌，小腿得到充分伸展，脚踝部位受到更多的刺激

- 至伸展的最大限度保持20秒，2～3组

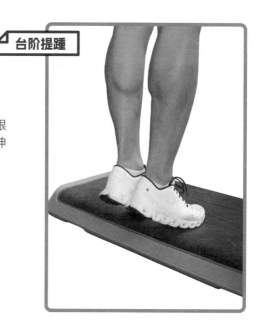

脚踝外展/内收

- 用弹力带套住双脚，双脚稍微分开，让弹力带保持一定张力

- 双脚做外展练习，感觉脚踝外侧受力明显

- 至伸展的最大限度保持20秒，2～3组

运动量大就脚底疼是怎么回事?

症状表现 长时间休息或晨起后迈步时足心突发锐痛,随之缓解,或者大运动量后脚底痛感强烈,这有可能是足底筋膜炎。体重过大、扁平足、高足弓或长时间高强度运动都容易造成此问题。

康复手段
- 脚踩网球或筋膜球,进行按压放松
- 20 秒按压为一组,2 ~ 3 组

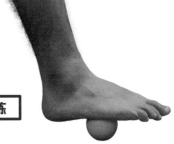

足底按摩训练

小腿肌肉拉伸训练

- 面向墙站立,双臂支撑墙体,右腿在前,左腿在后
- 屈右膝且压力作用在左脚后跟,绷直左小腿
- 保持 20 秒后换边,2 ~ 3 组

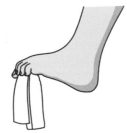

脚趾抓物训练

- 使用脚趾力量抓取地面物体,如毛巾、纸巾等,刺激相关肌群。

康复训练之外，还有哪些手段可以治疗肌肉酸痛？

除了上述方法之外，也可以进行理疗、针灸等，也可用膏药、运动喷雾、筋膜枪、按摩仪等产品进行辅助。

这些康复训练手段，包括喷雾、筋膜枪等产品不仅用于伤病时的康复，也可用于赛前热身和赛后恢复。

第二节　运动队的康复黑科技

在常规的康复训练之外，一些现代黑科技也频频在运动队中使用，以帮助运动员监测身体指标，辅助进行综合身体机能的恢复和提升。

1. 足底压力检测可发现哪些问题？

足底压力检测系统可采集受试者在行走过程中足底压力的分布情况和步态数据，并对左右脚压力数据进行对比分析，以此评估受试者的步态、重心、左右平衡、骨盆位置等数据，便于纠正并提升运动员的运动效率。

足底压力检测系统

2. 智能运动评估系统可检测哪些运动能力？

　　智能运动评估系统可通过红外技术检测与标记人体 25 个重要关节的空间坐标，形成 3D"数据人体"，结合多项平衡能力测试，检测人体重心分布情况、身体各部位活动幅度、动作完成质量，通过循证分析，评估受试者体态与多项运动能力，并提供定制化训练方案。

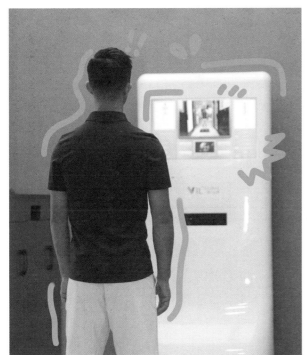

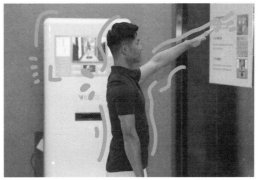

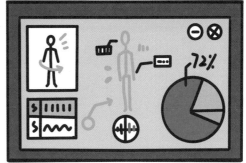

智能运动评估系统

3. 生物指数全项评估仪如何监测运动系统损伤风险?

生物指数全项评估仪通过采集 73 项运动生理数据指标, 维生素、矿物质等人体营养素比例数据及脑电（EEG）数据, 为受试者提供运动系统损伤风险筛查、营养摄入建议、心理与情绪能力评估服务, 为前期预防与正向干预提供参考。

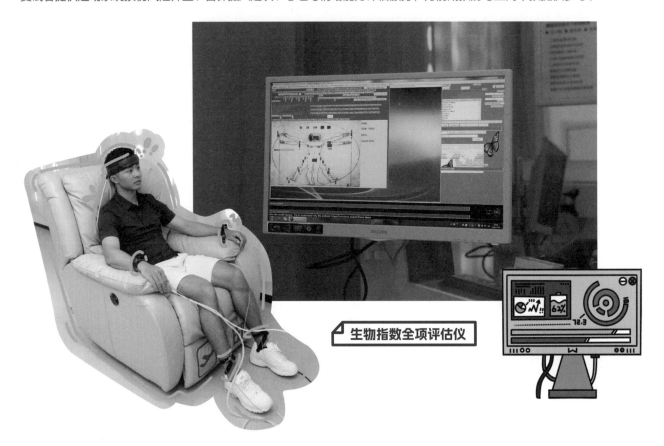

生物指数全项评估仪

Chapter 8

Energy Supplement
and Recommended Diets

第八章

羽毛球
动能加油站

运动爱好者：阎晋虎

　　我想知道，运动前、运动中和运动后都该吃什么、怎么吃，才能给身体足够的能量？和其他项目相比，羽毛球运动会对吃有特别的要求吗？如何保持足够能量的同时不增加体重？怎么吃才能辅助减脂？怎么吃可以缓解运动疲劳？怎么吃可以加速体能恢复？

营养师：李燕

　　这些问题对于加强羽毛球运动的动能储备都至关重要，会吃才能做球场上的铁人，这一章我们就和大家聊聊羽毛球关于吃的话题。

第一节　吃成球场铁人的妙招

 羽毛球运动对于饮食结构有特别的要求吗？

 一场羽毛球比赛的时间大约为 25 ~ 90 分钟。羽毛球比赛是由短时间的一次高强度运动与短时间的休歇相互交替组成的。**羽毛球项目是有氧与无氧的代谢结合，但有氧代谢占绝对优势**。这样的运动特性也决定着营养补给的差异。

 羽毛球运动需要"低糖"饮食吗？

 糖，就是我们常说的碳水化合物，**糖储备直接影响着人体的运动耐力及运动表现**。当糖摄入量不足时，会导致血糖降低，进而影响注意力。在体内葡萄糖不足的情况下，脂肪不能充分转化为能量，还将影响到运动耐力的维持。含糖较多的食物包括米、小麦、玉米等谷类，红薯、土豆、芋头等淀粉类以及葡萄糖、果糖、蔗糖等糖类等。
补给时间一般为运动前 2 小时，补糖量可按体重估算，1 千克体重补 1 克糖，一般以 55 克左右为宜。运动中补糖间隔为 45 分钟左右，补糖量 60 克以内为最佳，一般以便携式高碳水化合物含量的物质（如饮料、香蕉、蛋糕等）为主。运动后以即刻补糖为宜，前 2 小时补糖 50 克，随后 2 小时内连续补糖至 200 克。

 羽毛球运动需要"低脂"饮食吗？

 脂肪是人体的组成部分，也是储能物质，被吸收后能为人体供能，其供热能力是同等量蛋白质或糖类的两倍。脂肪分解速度慢，激烈的羽毛球运动以碳水化合物的消耗为主，过量的脂肪摄入不仅无法发挥其供能作用，反而会造成一定的脂肪堆积，增加人体代谢耗氧量，降低灵敏度。

所以羽毛球运动应以"高糖低脂"为主要膳食。

运动前、运动中、运动后该怎么吃？

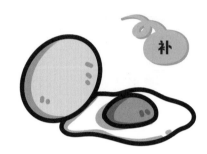 补

如何安排运动期间的饮食呢？该吃什么？

（1）运动前的营养安排

运动前的训练阶段应以豆类、蛋类、奶类以及面食和蔬菜等为主，注重食用高糖的食物。运动前饮食应遵循以下原则。

第一，摄入适量"复合碳水"，也可以简单理解为粗粮，这些食物中的糖分吸收较慢，有利于在运动中持续释放能量，比如：糙米饭、全麦面包、燕麦、红薯等。

第二，摄入适量蛋白质，比如：鸡蛋、乳清蛋白、肉制品等。

第三，尽量避免摄入脂肪，高脂肪的食物需要较长的时间消化，增加肠胃负担且无法在短时间内提供足够的热量。

（2）运动期间的营养补充

对于时长为 2 小时左右的单打比赛来说，不需要采用特殊的营养补给，但是如果一天之内进行多场比赛，则应适当补充糖分。很多球友选择香蕉作为补给，香蕉易于消化且富含钾元素。若在温度、湿度较高的环境下进行运动，通常会大量出汗，此时需要及时补充水分以及电解质，每 15 分钟或是 30 分钟应至少饮用半杯到一杯水，或是饮用浓度为 1 : 1 的果汁。

（3）赛后的营养和恢复措施

赛后应增加对糖类的摄入，并对流失的蛋白质进行补充。

要不要喝运动饮料？

运动饮料真的能补充能量吗？

运动中随着汗液的排出，身体会丢失水分、糖分以及电解质。如果水分丢失太多，可能会脱水；如果糖分消耗太多，可能会体力不支。电解质流失，比如钠流失太多的话，容易引起抽筋。想要补充，需要先找准合格的运动饮料。

运动饮料如何选择？

我们在运动中流失的主要是水分、糖分还有电解质。运动饮料中是否含有钠和钾是判断其是否为合格运动饮料的关键，在运动饮料中，每100毫升中含钠5～120毫克，含钾5～25毫克视为合格。此外，运动饮料中除了有水、糖分、钠、钾外，也可能含有一些其他的维生素和矿物质。根据食品标签法，碳水化合物和钠是必须标注出来的，钾不是必须标注的，通常也不会标注出来，但是我们可以从配料表查看是否含有钾。如果在配料中有出现"氯化钾"成分，则表示含有钾。

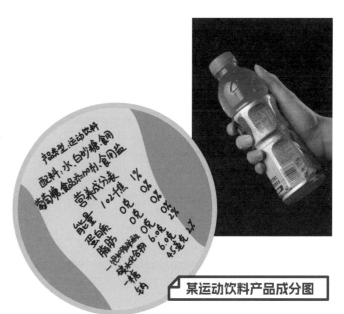

某运动饮料产品成分图

什么时候补水或运动饮料呢？

　　如果运动强度比较小，运动时间在 30 分钟以内的，通常以补水为主，可以不用补充电解质。强度大或者天气比较炎热的，可以适当补充一些运动饮料。

　　不运动的时候，不建议补充运动饮料。因为会摄入更多的糖分。需要注意的是，补水不能等到有口渴的感觉时才补，这时机体往往已脱水达 30%，此时补水已难获得最佳效果。

　　训练过程中应及时补充水分。可利用每次比赛间歇补充运动饮料 30 ~ 50 毫升，以维持体内水分、电解质和能量的平衡，赛中补水应该多次少量。

腿脚总抽筋是因为缺钙吗？

什么情况下更容易抽筋？

　　抽筋，医学上称为"肌肉痉挛"。发作时肌肉不自主、无征兆地过度收缩，产生压榨样的疼痛，持续数秒或数十秒，而后可自行逐渐缓解。抽筋的常见原因如下。

　　① 缺钙是抽筋的重要原因之一。血液中钙离子浓度太低时，肌肉容易兴奋而痉挛。

　　② 出汗多，水分和钙、钾、镁等电解质大量丢失，机体内环境紊乱，也容易发生肌肉痉挛。这一点常见于过度运动之后。

　　③ 运动过度，特别是无氧运动会导致肌肉在短时间内持续收缩，并产生代谢废物。没有及时拉伸、放松肌肉，过多的酸性代谢产物堆积，就很容易刺激小腿抽筋。

　　④ 动脉粥样硬化、寒冷刺激、局部压迫，以及某些先天性疾病或神经损伤，如中风、癫痫、破伤风等，也常会引起抽筋现象。

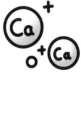

抽筋了应该怎么办？

　　"反其道而行之"——朝肌肉收缩的相反方向用力，并持续 1～2 分钟，即可见效。比如，小腿肚抽筋，可坐下或靠墙，双手扳脚尖使脚趾上翘，接着尽量伸直膝关节。热敷或轻度按摩，也能放松肌肉。

　　一般抽筋危害小，及时处理多数能迅速缓解。日常也可通过补钙、驱寒保暖、适当按摩等方式预防，但如果反复发作则建议去医院检查，排除血管、神经的器质性病变。

运动后的 30 分钟是补充蛋白质的最佳时间吗？

经常听到有人说"运动后的 30 分钟身体吸收最好，所以想要减脂就不要进食，想要增肌就及时服用蛋白质"，是这样子的吗？

其实这句话只说对了一半：运动后迅速进食，短期确实会增加肌肉的合成速率，但从长期角度来讲，并没有什么影响。所以运动后立刻喝一杯蛋白粉，并不会比平时喝增长更多的肌肉，而如果运动后饿着肚子睡觉，也不会消耗更多的脂肪。

总之，运动前后的饮食，对于减脂、增肌的影响并没有大家想象的那么大。对健康、锻炼效果影响最多的还是总热量、整体的饮食结构。相比控制饮食节点，调整长期的膳食结构，以及培养长久的运动习惯才是科学的方法。

第二节　"享瘦"自由的妙招

空腹打球减脂效果更好？

我听说"空腹有氧，会迫使身体以脂肪为燃料，更有利于减脂？"

这种说法稍显片面，虽然在空腹运动的过程中，身体的燃脂效率会小幅度升高，但运动之后，身体"持续燃烧脂肪"的能力却会降低。两者相互抵消之后，从长期看对于锻炼效果并没有较大影响。所以短时间的空腹有氧的确有燃脂效果，但一般情况下一场羽毛球运动要持续 1 ~ 2 小时，而如果运动强度较大且在饥饿状态下进行训练，还容易发生低血糖，并且增加人体的疲劳感，影响训练效果，所以在打球前并不建议空腹，适当补充能量才是平衡减脂效果的良好方式。

打球前后如何吃才会瘦？

我很容易饿，又想通过运动方式减肥，该怎么办？

有两点很重要。

① **不能缺少高强度运动**。例如"波比跳"、HIIT，或者来一场激烈的羽毛球比赛，通常情况在这些高强度剧烈运动后不容易饿，但只需 1 ~ 2 小时食欲可能就会恢复正常。所以，你还需要掌握几个运动策略：比如饭前 2 小时做高强度运动；运动前吃一点小零食或喝点牛奶，避免低血糖；或者在运动前、中、后，少量多次喝水，这些都会很好地帮助我们控制食欲。

② **要长期坚持运动**。只有坚持运动提升肌肉含量和基础代谢量，消耗的能量才会更多。在日常生活中保持中、低强度运动即可。一般来说，无氧运动强度较大，有氧运动强度较小，日常运动可保持有氧运动与无氧运动相结合的方式进行训练。

波比跳

为什么有人一运动就饿，有人却打完球后没食欲？

我在打完羽毛球后的 1 ~ 2 小时内总是会没什么胃口，这是怎么回事呢？

高强度剧烈运动后的短时间内，人体饥饿感会降低。发生这种情况主要与两点有关：第一，剧烈运动调节了体内激素，并升高了血乳酸和血糖，而它们有抑制饥饿的作用；第二，剧烈运动加速了身体产热，会降低食欲。这和气温降低时动物会本能地多吃点来对抗寒冷，以及在酷夏没食欲，是一个道理。当然，这种饥饿感的缺失只是暂时的，在 1 ~ 2 小时之后便会恢复。

真的有越吃越瘦的负热量食物吗？

身体在吃东西消化吸收的整个过程中，其实是需要消耗热量的，被称为"食物热效应"。如果食物本身的热量小于消化吸收消耗的热量，就会出现所谓的"负热量食物"。

虽然理论很美好，然而实际上，食物的热效应一般不超过食物自身热量的 30%，所以依旧有 70% 的热量会被吸收，怎么吃都不可能出现负的情况。如果非要找出一种"负热量食物"，那就是凉白开了，本身零热量，还得消耗一些热量让它变成体温，确实是负的。但这点消耗太少了，1 升水升高 20 摄氏度，也不过需要 20000 卡路里，也就是 20 大卡，半个苹果就回来了。虽然芹菜、苹果、燕麦、巴旦木等不是"负热量食物"，但它们被推崇确实是有道理的。

　　第一，果蔬组的芹菜和苹果。它们的热量有限，算得上是"低热量"食物。同时膳食纤维比较多，饱腹感好，用蔬菜和水果占住了胃口，其他高热量的食物就可以少吃一点了。

　　第二，粗粮组的燕麦。虽说燕麦热量并不比大米低，可它消化吸收慢，饱腹感特别好。作为主食，它还含有多种维生素以及矿物质，简直就是全方位碾压米饭、馒头这些精白主食。

　　第三，坚果组的巴旦木。巴旦木作为坚果，每 100 克的热量高达 540 大卡，和"负热量"根本不沾边儿。不过，它的能量是"缓释"的，很顶饱；而且含有丰富的不饱和脂肪酸，作为小零食很不错。

　　第四，最后来说说水。虽然不能靠喝水来消耗热量，但也别小看它的作用。无论是凉白开还是淡茶水，只要是无糖的各种水，饭前半小时内喝一些，可以占掉一部分胃口，让你少吃一点。也算是"灌个水饱"吧。

　　与其迷信某一种"减肥食物"，不如多试试"减肥吃法"。

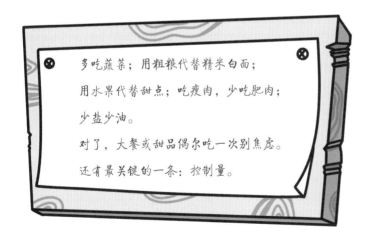

多吃蔬菜；用粗粮代替精米白面；

用水果代替甜点；吃瘦肉，少吃肥肉；

少盐少油。

对了，大餐或甜品偶尔吃一次别焦虑。

还有最关键的一条：控制量。

Chapter 9

Badminton
Scoring and Rules

第九章

羽毛球
规则扫盲攻略

Love all,
play

陈祺康

? 正式比赛和业余比赛的场地标准是否相同？

? 球场上出现了意外情况该如何判罚？

? 球场上哪些小动作可以迷惑对方？

? 如何"合理利用"规则给对方出点难题？

? 你会和队友使用"手语"吗？

这一章，我们一起来清扫羽毛球的规则盲区。

第一节　不容忽视的比赛规则

正式比赛的地胶颜色必须是绿色的吗？

地胶的颜色没有明确规定。最为普遍的是绿色，也有一些场地选用蓝色，而世界羽联世界巡回赛广州总决赛的场地为红色。

2018世界羽联世界巡回赛广州总决赛现场

正式比赛对场地大小和线的颜色有要求，标准的羽毛球球场长度为 13400 毫米、宽度为 6100 毫米。球场必须有清楚的界线，场地线宽均为 40 毫米，线应是白色、黄色或其他容易辨别的颜色。

发球的高度不能过腰？

　　2018 年之前羽毛球发球规则是发球高度不能过腰，即发球时，当球拍击中球的瞬间，球的任何部分不能高于发球员的腰部。除了发球高度，发球也不能"过手"，即发球时拍头要明显低于持拍手。

发球过手违例　　　　　　　　　　　　正确发球姿势

　　世界羽联规定自 2018 年起，发球的规则改为不高于 1.15 米，现场由发球测高仪辅助测量。此举的推行受到较大的争议，但一直延续至今。但在没有发球测高仪的比赛中，依旧遵循发球"不过腰""不过手"的规则。

　　除了发球高度的规定，发球动作也必须连贯，如果挥拍时动作有停顿，再继续击球，这种球会对接发球者进行干扰，因此会被判做"发球不连贯"违例。

发球违例

羽毛球比赛是如何挑边的？

正式羽毛球比赛一般会有挑边器，不同品牌的挑边器正反面颜色可能会有所不同，这个没有专门的规定，裁判只需在投掷前告知参赛选手正反面的区别即可。而业余比赛一般用硬币或者投掷羽毛球的方法，羽毛球球头对着的一方有优先选择权。

获得优先权的一方可以选择先发球或先接发球，或者选择在一个场区或另一个场区开始比赛。当然，发球权或者选边只能选一个，而另一方可以选择另一个选项。如获得优先权的人选择了先发球，而另一方则可选择自己在哪一边接发。

发现发球错区了，刚得的比分有效吗？

单打比赛中，当发球方的分数为零或偶数时，双方运动员均应在各自的右发球区发球或接发球；当发球方的分数为奇数时，双方运动员均应在各自的左发球区发球或接发球。球友们一般简单记成"左奇右偶"。

双打比赛的发球依然同单打一样"左奇右偶"，有一点不同的是接发球方的位置也有规定，接发球方需按其上次发球时的位置站位。如发球方得分，接发球方站位不变，即发球方换区发球，接发球方轮替接球。发球顺序如下：每一局都是先由发球员从右发球区发球，其次由首先接发球员的同伴从左发球区发球，然后是首先发球员的同伴发球，然后是首先接发球员发球，这样轮换。一局胜方的任一运动员可在下一局先发球。

根据世界羽联施行的羽毛球规则，如果发球错区了，如发球或接发球顺序错误或者在错误的发球区发球或接发球，应在"死球"后予以纠正，但已得比分有效。

球挂在了网顶，该如何判？

　　球挂在网上的情况极少出现，出现了这种情况，该如何判罚呢？如果是发球后，球停在网顶，过网后挂在网上，都属于"违例"，则对方得分；如果在发球后的击打中，球停在网顶，则需重新发球。

羽毛球世锦赛林丹vs谌龙

击球过程中，球头和球毛分离，该如何判罚？

　　比赛中，球头和球的其他部分产生分离较为罕见，如出现这种情况，应换新球重发球。

球触及天花板，该如何判罚？

　　球触及天花板的情况较为少见。世界羽联的规则规定，一般比赛场地高度不低于 9 米，奥运会、世锦赛、汤姆斯杯赛、尤伯杯赛、苏迪曼杯赛等不低于 12 米。

　　业余比赛中，由于球馆层高的问题，球可能触及天花板，此时一般会判罚击球方失分，也有的比赛规程补充规定中说明是违例或重发球。而如果球击中对方身体的任意一部分，则对方失分。

比赛时对手故意延误比赛，迟迟不发球，是不是发球违例？

赛事规则要求保证比赛的延续性，但考虑到运动员的体力分配，每局比赛，当一方先得 11 分时，允许有不超过 60 秒的间歇；所有比赛中，局与局之间允许有不超过 120 秒的间歇。而如果有电视转播的比赛，裁判长可在该场比赛前决定变更上述间歇时间。

不允许运动员为恢复体力或接受指导而延误比赛，而裁判员是"延误比赛"的唯一裁决者（发球时除外）。发球和接发球时一旦对方准备好了就要进行发球和接发球，否则就是延误发球或接发球。

遇到不是运动员所能控制的情况，如运动员遭遇伤病或如残疾人羽毛球比赛中修理运动辅助设备等特殊情况，裁判员可以根据需要暂停比赛。只有在裁判长许可的情况下医疗人员才能进入场地进行治疗。在 2018 年的法国羽毛球公开赛女双半决赛场上，李绍希 / 申昇瓒对阵保加利亚的斯托伊娃姐妹时，在没有得到裁判员同意暂停比赛的情况下，下场处理抽筋的腿部，导致被红牌警告并罚掉 1 分。

"鹰眼"的判罚一定准确吗？

"鹰眼"也被称为**即时回放系统**，这个系统一般由 10 个左右高速**摄像头、电脑**和大屏幕组成。其原理为：利用高速摄像头从不同角度捕捉球的飞行数据，之后三维成像，最终呈现在现场大屏幕上。

"鹰眼"最早使用在电视转播上，而后在网球、足球、排球、羽毛球、乒乓球等项目中陆续开展，主要用于判罚球是否出界。2014 年的汤姆斯杯赛和尤伯杯赛，国际羽联首次将"鹰眼"运用到比赛中，并在之后的世界大赛中陆续使用。一名（对）运动员在一局比赛中只允许两次挑战失败，否则保留其挑战权。

裁判员未看清球的落点时，也可以使用"鹰眼"，且不影响双方运动员的挑战次数。

"鹰眼"的使用得到很多球员的认可，但并非万无一失，由于三维成像是基于数据的数字成像，所以理论上来说并非完全准确，由此也会受到一些球员的质疑。同时"鹰眼"的使用会打破比赛的流畅度，也会给裁判带给较大的压力。

残疾人羽毛球比赛有哪些规则?

残疾人羽毛球比赛中会根据运动员的伤残级别进行分级,使同等伤残程度的运动员进行比赛。首届世界残疾人羽毛球锦标赛于 1998 年在荷兰举行,残疾人羽毛球赛进入奥运会是 2020 年的东京残奥会。

运动员通常被分成六个组别,包括两个轮椅组别和四个站立组别。基本采用普通羽毛球比赛的规则。每场比赛采取三局两胜制,每局获胜分为 21 分。各种组别均采用相同高度的球网。

在两个轮椅组别的单打比赛中,场地采用半场,而如果羽毛球落在球网与靠近球网的发球线之间,就会被判为界外球。在四个站立组别的比赛中,除下肢残疾的站立组别运动员采用半场场地外,其余所有组别比赛均在标准场地上进行。

户外羽毛球比赛的规则和常规的室内羽毛球比赛规则相同吗?

为了让更多不同年龄、不同能力的羽毛球爱好者参与到羽毛球运动中,世界羽联推出户外羽毛球项目(Air Badminton)。室内和户外最大的区别就是风的影响。所以户外羽毛球几乎都是为了"防风"而设计。和室内羽毛球的天然鹅毛或鸭毛材质不同,户外羽毛球由合成材料制作而成,有着极强的防风性能。

户外羽毛球场一般推荐侧风摆放,场地长 16 米,单打场地宽 5 米,双打或三对三场地宽 6 米;沿网面两侧的两米线之内为落点禁区(掉入落点禁区的球判为失分),之外是双方各自的击球区。两米线之后的三米处,两条边线上的前发球线标记连线为双方各自的虚拟前发球线,其后的场区为发球区。

户外羽毛球的场地类型不受限制,花园、街道、沙滩等均可举行,不同场地标准可略有不同。使用硬地或草地时,网柱自地面起高 1.55 米,球网中心点处的网高 1.52 米。如使用沙地时,网柱自地面起高 1.50 米,场地中心点处的网高 1.45 米。网柱应放置在双打边线中点处与边线垂直的外延线上,距边线中点不得超过 1 米。

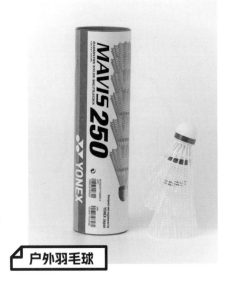

户外羽毛球

户外羽毛球世界羽联推荐的计分方法是 11 分制，五局三胜。但仍可采用其他计分方式。2019 年在芬兰，芬兰羽毛球队和 Savon Sulka 俱乐部协作举办了首届户外羽毛球锦标赛，60 多位来自芬兰各地的参赛选手参加了为期三天的赛事，包括男子单打、女子单打、男子双打、女子双打、混合双打以及 3V3 赛事，总场次达 108 场之多。

在世界羽联的推动下，我国也陆续举办了一些户外羽毛球赛事，如 2021 年青岛市第十一届全民健身运动会就举办了户外羽毛球比赛。来自北京、沈阳、郑州、青岛、日照 5 个地市 24 支队伍参加了混合团体赛的角逐。

2019年芬兰户外羽毛球锦标赛

3V3 比赛是什么规则？

"3V3"比赛即 3 人对 3 人的比赛，之前一直是专业运动队用于训练的方式，可以提高球员在高速对抗中平抽快挡的技术能力，也更有趣味性。自 2010 年开始在我国开始有成规模的赛事。和传统的双打比赛相比，3V3 比赛在发球、站位以及打法上都相似，但也有所区别。

发球接发球的站位等基本原则仍要遵循羽毛球的双打规则，如得分为偶数时发球一方站在右半区发球，得分为奇数时发球一方站在左半区发球。其发球接球规则为：

1. 比赛前每队确定第一、第二、第三发球队员和接发球队员，分别为 A 队（A1、A2、A3），B 队（B1、B2、B3）。
2. 确定发球队员和接发球队员的次序。要将此次序赛前交由裁判。
3. 按照 A1 对 B1、A2 对 B2、A3 对 B3 的顺序依次进行发球和接发球，这一顺序固定不变。

通常在比赛前需明确三人的分工和站位，一般网前技术好或者实力较弱的那个人站在网前，进攻能力强的人站在后排。当双方打起来以后，三个人的位置可以轮换，但一定要注意保持合理的阵型。对于业余球友来说，球场上多了一个人不仅要考虑到技战术的配合，还要避免无谓的碰撞引发的运动伤害。

第二节　读懂球场上的暗语

想做羽毛球裁判，必须会的"手语"有哪些？

羽毛球比赛也会使用手语，这些你都知道是什么意思吗？

羽毛球比赛裁判手语展示

脚违例

"未先击中球头"违例

发球过手

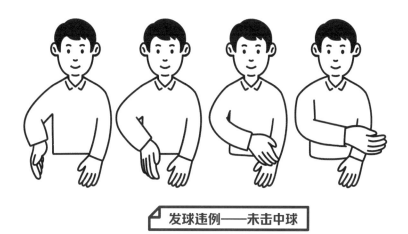

发球违例——未击中球

发球过高 发球过腰

发球动作不连续

挑战"鹰眼"

除了主裁判之外，司线员也有一些特定的手语。

界外：当球落在界外，大声清楚报"界外"的同时双臂侧举，使裁判员能看清楚。

界内：如果落在界内，只用手指向界内。

未能看清：如果视线被挡住，应立即举起双手，盖住眼睛。

界外　　　　　　界内　　　　　未能看清

双打比赛中的发球手语，你知道吗？

　　通常把接发球区域划分为 5 个，前场靠近中线为 1 号区，靠近边线为 2 号区，1、2 号区中间为 5 号区；后场靠近中线为 3 号区，靠近边线为 4 号区。发球时要根据场上形势和对手的接发球能力做好准备并告知队友。有时候也会在发球前二人商议，由另一个队友给出发球队友指令。

◀ **接发球区域**

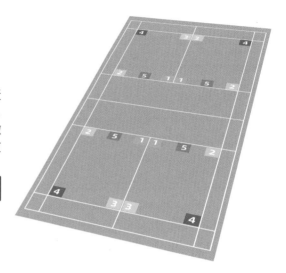

　　通常握拳出拇指表示发前场，即 1 号区、5 号区、2 号区，握拳出食指表示发后场。确定了前后场后，再出手指，出多少根就表示发到哪里区。比如说，发球员伸手背后，握拳，伸出食指，再伸出 3 根手指，告知队友想偷发对方后场 3 号区，对方可能会拉高远球，或者是杀球，需要做好准备，站位稍向后场移动，随时准备好接对方的回球。

　　当然，队友间也可能使用非常规的手语，以最大限度迷惑对手。业余球友中更多以双打比赛为主，熟悉发球手语可以更好地与队友磨合，也是实用的技战术。所以，除了我们今天介绍的这些，你有独特的球场暗语吗？

◀ **双打比赛发球手语**

Chapter 10

How to Organize a
Badminton Tournament

第十章

办比赛的套路

难！今天接到任务要办一场羽毛球比赛，可是办比赛需要做哪些准备呢？

? 哪些预算必不可少？

? 怎么才能让比赛有亮点？

? 如何制定赛事规程？

? 如何进行赛事编排？

? 哪些坑不能踩，哪些力气不能省？

? 怎么才能办一场让领导满意、员工开心的羽毛球比赛呢？

第一节　给领导汇报要做的功课

　　要给领导汇报赛事筹备的情况，需要知道哪些"术语"，需要准备哪些材料？首先必须了解赛事筹备的必要环节。业余羽毛球比赛的组织需要进行**赛事策划、赛事申报、竞赛规程的制定、赛事物料的筹备、赛事报名、赛事执行、赛事宣传**等。

什么是竞赛规程？

无论是职业运动员参加的专业比赛还是业余球友参与的业余赛事，都必须有竞赛规程。竞赛规程是由竞赛组委会根据竞赛计划而制定的具体实施某一项（届）赛会的规定，主要包括：竞赛日期和地点、竞赛项目、参加办法（包括参加单位、参加人员、年龄规定、报名和报到等）、竞赛办法、录取名次与奖励、仲裁委员会与裁判员等内容。可以说，竞赛规程包括了竞赛组织的基本环节和要求，也是参赛者了解赛事的重要渠道。

哪些赛事预算不能省？

一场业余羽毛球赛的组织需要以下几方面的预算：场地费用、竞赛物料费用、人力成本、奖金奖品、宣传费用以及其他杂费。哪些钱能省，哪些钱省了会有隐患？

（1）场地费用。日常羽毛球场租，单片球场价格在 50 ~ 200 元之间，不同城市、不同时段都有浮动。但考虑到比赛组织的便利性，一般羽毛球赛都会整租球场。而一般整租的价格要大于所有场地每天 8 小时的价格总和。除了场地租金，可能涉及的费用还有空调费用和电费。

（2）竞赛物料费用。包括宣传物料、赛事物料、综合后勤保障物料等。宣传物料包括比赛背景板、广告 A 板、广告刀旗、横幅、音响、话筒等；赛事物料包括比赛用球、成绩栏、记分牌、计时器、裁判员红牌、黄牌、黑牌等；综合后勤保障物料包括打印机和相关表格、饮用水、食品补给等。需要指出的是考虑到羽毛球赛事中存在一定的运动损伤风险，应配备一定的急救用药及医疗装备。

（3）人力成本。包括裁判员（裁判长、编排长、裁判员、司线员等）、志愿者、医护人员劳务费。

（4）赛事的奖金和奖品。一般第一名到第四名按等级设置不同奖金和奖品，第五名至第八名可按同一等级标准设置奖金和奖品。

（5）宣传费用。一般包括赛前和赛后媒体宣传报道的费用。

（6）其他杂费。如保险费用。组织者要考虑到运动伤害风险，除了准备药品和医疗装备，还可以购买运动意外伤害保险。

由于赛事的级别和规格不同，上述预算的分配会有不同，但总体来说，基本的竞赛物料费用不能省略，否则会影响比赛的水准甚至公平性。

这些竞赛物料你都准备了吗？

在赛事筹备中，组织方应重点考察和准备以下物料。

1. 场馆

组织方应考虑到场馆的地面和灯光条件，尽量选择标准的塑胶场地；场馆要有足够的竞赛组织空间，考虑到裁判席和比分栏的位置，以及是否有足够的候场空间，这也决定着如何编排比赛、控制参赛人数；场馆的地理位置，是否有合适的公共交通，如公交和地铁，以及是否有一定数量的停车位；此外还有场馆的场地标识牌（显示几号场地）、地面清洁工具等基础设施。

2. 比赛用球

根据场馆条件、当地海拔以及办赛时的季节等确定比赛用球的速度，并告知参赛者。那比赛该准备多少球呢？可以按照一场三局两胜制的比赛，耗费 2 ~ 3 个球做估算。

3. 贮球箱

比赛用球一般都由发球裁判员保管，裁判椅旁应放一个贮球箱，收集换下来的旧球，贮放新球。它的边长尺寸以稍大于球筒的长度为宜。如没有专业贮球箱可用纸箱代替。

4. 记分器

羽毛球比赛记分器有电动和手动两种。两种记分器的分数都由 0 ~ 30 组成，局数由 0 ~ 2 组成，场分由 0 ~ 5 组成，一般为两面显示。除此之外，在一些业余比赛中，也会使用纸质手动记分，或者 iPad 记分系统。

5. 干拖把

比赛场地表面常有运动员滴下的汗水或其他原因造成的场地潮湿，应立即擦干，以防运动员滑倒。

6. 裁判员椅

裁判员椅高为 1.55 米，左右扶手间设一可翻动的搁板，让裁判员能在其上进行书写。一些业余比赛如没有裁判员椅，裁判员应站立在相应位置。

7. 计时器

裁判员、裁判长每人都要有计时器，也可使用手表计时。

8. 红、黄、黑牌

每个临场裁判员都应备有红、黄牌各一块，裁判长应备有黑牌一块。

9. 竞赛表格

竞赛表格有单项记分表、团体记分表、团体赛出场表、仲裁申诉表、抽签用表、编排记录用表等，单项记分表用量最大。

10. 裁判员服装

正规比赛，裁判员都应统一着装。除了体现专业性，也是赛事宣传的一部分。

11. 广告板

广告 A 板需摆放在塑胶场地与场地之间的连接线上，起到区分场地的作用，但不能影响球员在场上的移动。需要注意的是，A 板必须是深色的，白色或浅色板容易干扰球员视线，影响比赛。另外，广告板的尺寸也应符合赛事方规定。

第二节 组织比赛的章法

准备好了物料，了解了流程，比赛该如何执行呢？

一场羽毛球赛的组织都需要哪些必要的"人力"呢？

首先是技术官员，包括**仲裁**、**裁判长**、**编排长**、**司线员**等。一场正式比赛需要主裁判、发球裁判员、司线员若干。在业余比赛中，至少需要一名裁判长、一名编排长，同时保证每片球场至少有一名裁判员。兼顾到裁判员的休息调整，一般会按照比赛场地的片数，增加 20% 的裁判员。比赛的决赛阶段，特别是最后的冠亚军决赛，一般会用较多的裁判人员，以保证最终决赛的竞赛水准。

其次是**志愿者或组委会工作人员**。需要负责与各参赛队或参赛运动员、技术官员、场馆方的沟通与协调。

开幕式的流程是什么？

无论是专业比赛还是业余比赛，开幕式必不可少。在开幕式上，除了主办方致辞，裁判员、运动员代表宣誓等环节之外，也是比赛队伍人最齐整的时候，所以也是大合照的最佳时间。

为了体现开幕式的仪式感，也为了留下精彩的照片发朋友圈，同时也为了让现场的领导和嘉宾更有参与感，开幕式的最后，通常会设置开球环节，邀请领导和嘉宾一起开球，宣布比赛开始。

> ***** 羽毛球比赛开幕式流程**
>
> 1. 暖场音乐
> 2. 主持人开场
> 3. 领导致辞
> 4. 裁判员代表宣誓
> 5. 运动员代表宣誓
> 6. 参赛队伍合影留念
> 7. 嘉宾开球

赛事编排能解决哪些问题？

羽毛球赛事的编排包括：抽签和赛程编排等。在业余羽毛球比赛中，如何能让比赛进程更加紧凑，使得比赛在预估时间范围内完赛？如何能最大限度利用场地？如何能合理安排人员流线？如何合理安排比赛负担量？如何让兼项运动员合理休息？这些都是赛事编排需要考虑和解决的问题。

抽签的原则是什么？

抽签的主要目的是按运动员实力均匀分布。

"种子"是根据排名和技术水平确定的。一般的业余比赛会禁止在册的职业运动员参赛，如果是连续举办的赛事，可将上届比赛的前八名选手作为本届比赛的前八位种子。此外，业余群众性羽毛球比赛中，不设立种子或不按技术水平排序都是可取的。因为实力较强的选手可能在比赛前段相遇，从而给普通羽毛球爱好者更多机会获得名次，增加了比赛的戏剧性与趣味性，从而吸引更多爱好者参与到比赛中，此举也是业余赛事的趣味性所在。

比赛都要执行"种子均匀分布"的原则。只有两个种子时，第一号在 1 号位，第二号在最后的号位。有 4 个种子时，第一号和第二号按上述办法定位，第三号和第四号用抽签办法分别进入第二个 1/4 区的顶部和第三个 1/4 区的底部。有 8 个种子时，第一、二、三和四号按上述办法定位，其他种子用抽签分别进入还没有抽进种子的各个 1/8 区内。抽进上半区的，应在第二、四个 1/8 区的顶部；抽进下半区的，应在第五、七个 1/8 区的底部。同一队的两个种子选手，应抽进不同的 1/2 区；同一队的三个或四个种子，应抽进不同的 1/4 区；同一队的五个至八个种子，应抽进不同的 1/8 区。

			1/8
1	1/2	1/4	2/8
		2/4	3/8
			4/8
	2/2	3/4	5/8
			6/8
		4/4	7/8
			8/8

种子分区

单循环赛如何确定轮数、场数、顺序以及如何计算名次？

比赛一般采用单淘汰赛或单循环赛方式。有时也可以综合这两种比赛方式的优点，采用分阶段比赛方法，即第一阶段为分组循环赛，第二阶段为淘汰赛。

单循环赛

参加比赛的运动员（对、队）之间轮流比赛一次。

优点： 参赛队员之间比赛机会多，成绩偶然性低。

缺点： 比赛耗时久，场地需求高。

轮数和场数

在循环赛中，每一运动员（对、队）出场比赛一次，称为一轮。当人（对、队）数为偶数时，轮数 = 人（对、队）数 –1。

例：6 人小组循环赛：轮数 = 6–1，要比赛 5 轮。

当人（对、队）数为奇数时，轮数 = 人（对、队）数。

例：5 人小组循环赛的轮数 = 5，要比赛 5 轮。

$$场数 = \frac{人数（对、队）数 \times [人（对、队）数 -1]}{2}$$

例：6 人小组循环赛的场数 $= \dfrac{6 \times (6-1)}{2} = 15$ 场。

场数的确定对估算比赛时间及比赛用球等物料的损耗很有帮助。

顺序的确定

可采用 1 号位固定不变的轮转方法，其他选手每次比赛后其他位置按照逆时针方向移动，自动进行下一次对阵。以 6 人（对、队）参加比赛为例，6 人参赛轮数为 6-1=5 且没有轮空，对阵情况见下表。

第一轮	第二轮	第三轮	第四轮	第五轮
1-6	1-5	1-4	1-3	1-2
2-5	6-4	5-3	4-2	3-6
3-4	2-3	6-2	5-6	4-5

第一轮对局比赛结束后选手做出如下调整：6 号位→2 号位，2 号位→3 号位，3 号位→4 号位，4 号位→5 号位，5 号位→6 号位。（"→"表示替代）

注：人数为双数时，则选手之间两两对决，人数为单数时，用"0"补成双数，选手与"0"对决代表轮空局。

● 如获胜场次不同，则按获胜场数定名次。
例如：

	A	B	C	胜场	名次
A		2:0	2:1	2	1
B	0:2		2:0		2
C	1:2	0:2			3

● 如果两名（对）运动员获胜场数相等，则两者间比赛的胜者名次列前。如下列 B 和 E 获胜场次相同，但 E 以 2：0 战胜了 B，则 E 名次靠前。

	A	B	C	D	E	胜场	名次
A		2:0	2:1	2:0	2:0	4	1
B	0:2		2:0	2:1	0:2	2	3
C	1:2	0:2		2:0	0:2	1	4
D	0:2	1:2	0:2		2:0	1	5
E	1:2	2:0	2:0	0:2		2	2

● 如果三名（对）或三名（对）以上运动员获胜场数相等，则按在该组比赛的净胜局数定名次。如果计算净胜局数后，如还剩两名（对）运动员净胜局数相等，则两者间比赛的胜者名次列前。

	A	B	C	D	胜场	净胜局	名次
A		2:1	2:0	0:2	2	1	2
B	4:21 21:2 6:21		1:2	0:2	0	-4	4
C	7:21 9:21	21:7 5:21 21:2		0:2	2	1	3
D	21:3 21:6	21:6 21:8	3:21 7:21		2	2	1

● 如果计算净胜局数后，还剩三名（对）或三名（对）以上运动员净胜局数相等，则按在该组比赛的净胜分数定名次。

	A	B	C	D	胜场	净胜局	净胜分	名次
A		2:0	2:0	0:2	2	2	13	3
B	4:21 6:21		0:2	0:2	0	-6	-57	4
C	6:21 6:21	21:7 21:2		0:2	2	2	27	1
D	21:3 21:6	21:6 21:8	3:21 7:21		2	2	17	2

● 如果计算净胜分数后，还剩两名（对）运动员净胜分数相等，则两者间比赛的胜者名次列前。

	A	B	C	D	胜场	净胜局	净胜分	名次
A		2:0	2:0	0:2	2	2	13	3
B	4:21 6:21		0:2	0:2	0	-6	-57	4
C	6:21 6:21	21:7 21:2		0:2	2	2	27	1
D	21:3 21:6	21:6 21:8	3:21 7:21		2	2	17	2

如果还有三名（对）或三名（对）以上运动员净胜分数相等，则以抽签定名次。

团体赛按以上办法，依胜次、净胜场数、净胜局数、净胜分数顺序计算成绩，乃至抽签定名次。如果有运动员因伤在赛前退赛，在三局两胜的比赛以 0：2 判负。

赛事编排能解决哪些问题？

在参赛人（对、队）数较多的情况下，为了不过多增加比赛的场数和延长比赛日期，又能排定各队的名次，常采用分组循环赛的办法。

蛇形排列方法： 先把小组按纵向由上到下排列，而后将队伍按序列由上到下，再由下到上，再由上到下，从左到右依次排列，即为蛇形排列法。

以 16 个队分成四组为例，具体排列如下。

第一组：1、8、9、16

第二组：2、7、10、15

第三组：3、6、11、14

第四组：4、5、12、13

如有种子队伍，则先按"蛇形排列方法"把种子顺序排列出来。然后用"抽签方法"把非种子抽签到各组当中。

什么是混合赛制？

业余羽毛球比赛中单循环和单淘汰单独使用的情况较少，取而代之的是使用结合了二者优点的混合赛制。所谓的混合赛制是第一阶段分组进行单循环，第二阶段进行单淘汰，这样的好处在于比赛既能客观反映运动员的真实水平，又能在短时间完成比赛。

在采用混合赛制时，各阶段采用对应赛制的编排方法即可，但有以下几点需要注意。

抽签： 混合赛制最好使用一次性抽签，种子数应按照单淘汰赛的方法设置。如：第一阶段分八组进行单循环，则种子数设置为 2、4、8 较为合适，注意 1、2 号种子应分在第一组和第八组，3、4 号种子进入第三、第六组，以此类推。

轮空： 混合赛制的轮空应把两个阶段结合起来考虑，将循环赛的"组"理解为淘汰赛的"区"。例如 35 人参赛，第一轮循环赛分八组决出 8 名小组第一进行下一轮淘汰赛，则第一轮有三组是 5 人，有五组是 4 人，即 5 个轮空位。设 1 ~ 4 组作为上半区，5 ~ 8 组作为下半区，根据淘汰赛的轮空分布，将五个轮空分至不同 1/8 区，上半区 3 个轮空，下半区 2 个轮空，即 1、2、3、6、8 组 4 人，4、5、7 组 5 人。

31 分制是在何时使用呢?

考虑到业余球员的竞技水平不高,同时也为了压缩整体的比赛时长,会在业余比赛中采用 31 分制,一局定胜负。其中会在一方先到 16 分时交换场地。比赛中还需规定打至 30 平时,是否加分,如不加分则先得 31 分者取胜,如果加分,一般加 2 分,则先得 33 分者取胜。在混合团体赛中,一般在小组赛中采用 31 分制一局定胜负,在淘汰赛中采用 21 分三局两胜的赛制。

在业余比赛中特别是混合团体赛中也会遇到队员缺乏,需要用混双或女双来对阵男双,或者用女双来对阵混双的情况,如遇到这种对阵,在裁判长允许的前提下可以采用让分原则,具体让分标准由裁判长规定。如采用让 6 分,混双对阵男双,开始比分为 6 : 0。

中老年组羽毛球赛的规则有哪些特别之处?

中老年组羽毛球赛有其独特的风格,在规则上需要适当修改,放慢比赛节奏。

(1)建议使用 31 分制,一局定胜负。

(2)建议适当拉长比赛休息时间。

(3)设置更多的组别。65 岁以下可以 5 岁为一级设置若干级组别。65 岁以上设置混龄比赛,且只设双打、混双,如设置选手年龄相加为 130 岁、140 岁、150 岁、160 岁、170 共五种组别,不同组别交叉比赛时每相差 10 岁让 3 分等。

(4)设置更多荣誉奖项,提升老年人的参赛体验,吸引更多老年人参与。

Chapter 11

Badminton
Tournament Information

第十一章

羽毛球
信息情报站

我是寇程，我是周业涛，我们都是新闻工作者，也是体育爱好者。和大家一样，我们也很关心可以从什么渠道获得全面的羽毛球资讯。

? 从哪里了解更全的球员信息？

   ? 哪里可以了解到最权威的规则解读？

? 哪里可以学到羽毛球的技战术？

  ? 哪里可以学到装备的专业知识？

    ? 哪里可以买到心仪的装备？

  ? 哪里可以找到球友？

我们给大家找了一些各类羽毛球的信息平台，看看这些问题能否找到答案。

第一节　权威信息的官方发布渠道

    每年的赛季开始，球员、媒体、赛事方、赞助商、球迷也开始一段新的旅程，这其中的赛事安排、赛事规定、赛事新闻等，都会在官方平台发布。那从哪里可以获得最新鲜、最可靠的官方信息呢？

① 羽毛球世界联合会

  2006 年 9 月 24 日，国际羽毛球联合会正式改名为羽毛球世界联合会。羽毛球世界联合会（BWF）是一个国际性羽毛球运动的管理组织，成立于 1934 年，总部设在马来西亚吉隆坡。羽毛球世界联合会组织以下七项世界大赛，即与国际奥林匹克委员会合作举办奥运会羽毛球赛、世界羽毛球锦标赛、青少年羽毛球锦标赛、汤姆斯杯赛、尤伯杯赛、苏迪曼杯赛和世界羽联超级系列赛。可登陆其官方网站了解最新的各单项运动员的世界排名，以及赛事计划和赛事新闻，包括了图文资料和视频等。

② **亚洲羽毛球联合会**

　　亚洲羽毛球联合会于 1959 年在马来西亚成立，总部设在新加坡。亚洲羽联的比赛活动有：亚洲羽毛球锦标赛和亚洲羽毛球邀请赛。其官网包括了球员排名、赛事新闻以及亚羽联的一些官方活动等。

③ 中国羽毛球协会

　　中国羽毛球协会是由全国各省级羽毛球协会及其他各级羽毛球协会（组织）自愿结成的全国性、行业性、非营利性社会组织，是具有独立法人资格的社会团体，是代表中国参加相应的国际羽毛球活动及羽毛球世界联合会、亚洲羽毛球联合会的唯一合法组织，是中华全国体育总会和中国奥林匹克委员会的会员，接受业务主管单位国家体育总局和社团登记管理机关民政部的业务指导和监督管理。

　　中国羽毛球协会官网包括各项政策法规的信息发布、中国羽毛球国家队的赛事安排以及全民健身和群众性羽毛球活动和赛事的新闻等，还包括各类相关技术人员的资格考核和管理办法，如裁判员、社会指导员等。

④ **中国国家羽毛球队**

中国国家羽毛球队通过官方微博"中国羽毛球队"和快手"中国羽毛球队"发布即时新闻。

第二节　五光十色的媒体信息

媒体所塑造的羽毛球世界与真实的羽毛球世界相同吗？你的目光会停留在那些华丽的画面或者吸睛的标题上吗？谁的新闻最快，谁的专题更好看？谁是朋友，谁是对手？如果让你选择，你会打开哪一家媒体？

门户网站

曾经一度占据网络流量的门户网站，随着新媒体的涌现而逐渐被人冷落，这些网站大多转战手机客户端，通过手机应用或微信公众号等新阵地来争取用户。

（1）央视网羽毛球频道

（2）搜狐网羽毛球频道

（3）新浪网羽毛球频道

（4）腾讯体育羽毛球频道

（5）网易体育羽毛球频道

（6）虎扑社区羽毛球频道（社区）

杂 志

　　《羽毛球》杂志于 2006 年 9 月创刊，由国家体育总局主管，中国体育报业总社有限公司主办，是中国羽协认可的官方刊物。杂志为月刊，主要内容包括国内外羽毛球赛事、羽毛球明星、羽毛球教学、羽毛球伤病康复、羽毛球器材装备等相关领域的报道、交流和推介，同时也将视角放在广大业余羽毛球爱好者身上，分享他们的羽毛球故事。《羽毛球》杂志得到很多业内人士和羽毛球爱好者的认可，同时在微博、微信公众号、抖音等自媒体平台也拥有同名账号，发布相关内容。

微 博

　　新浪羽毛球微博是新浪体育——羽毛球板块的官方微博，即时跟踪中外羽坛的动态信息。

电视频道

先锋乒羽频道，是国家新闻出版广电总局批准湖南电视台开办的全国唯一的羽毛球、乒乓球专业电视频道，于 2008 年 4 月 18 日开播，由湖南广播电视集团直属子公司——湖南快乐先锋传媒有限公司负责运营。中星六号卫星覆盖全国，已落地覆盖 300 多座城市，订购用户数超 200 万。内容涉及赛事新闻、赛事直播、人物专题等，不仅追踪职业赛事，还关注业余羽毛球赛事的推广。同时在微博、抖音等自媒体平台也拥有同名账号，发布相关内容。

您和羽毛球有什么故事？您还希望了解羽毛球的哪些内容？从入门到精通，将您的疑惑和经验一起分享给我们吧。

除了这些平台，你平时还会从哪些渠道了解羽毛球资讯呢？

参考文献

［1］谢朝权，魏协生，吕志强，等 . 中国羽毛球运动史 [M]. 武汉：武汉出版社，1990.

［2］林传潮，任春晖 . 羽毛球竞赛 [M]. 北京：人民体育出版社，2021.

［3］中国羽毛球协会审定 . 羽毛球竞赛规则 [M]. 北京：人民体育出版社，2021.

［4］[德] 贝恩德 - 沃克尔·勃拉姆斯 . 羽毛球全攻略：技术、战术与训练 [M]. 谢俊，译 . 北京：人民邮电出版社，2016.

［5］王琳 . 青少年羽毛球运动从入门到精通 [M]. 北京：人民邮电出版社，2019.

［6］[日] 长谷川博幸，王卫东 . 羽毛球技术百答——入门良师提高捷径 [M]. 西方延芳，译 . 北京：人民体育出版社，2001.

［7］柯雅娟 . 羽毛球健康促进与科学练习研究 [M]. 北京：中国书籍出版社，2021.

［8］[美] 罗伯特·S. 高特林 . 运动损伤的预防、治疗与恢复 [M]. 高旦潇，译 . 北京：人民邮电出版社，2017.

［9］[美] 洛林·A. 卡特赖特，威廉·A. 皮特尼 . 运动防护指南——运动损伤的预防、评估与恢复（第 3 版)[M]. 郑尉，译 . 北京：中国工信出版集团，人民邮电出版社 .2019.

［10］[美] 丹·贝纳多特 . 高级运动营养学（第 2 版)[M]. 周帆扬，安江红，刘勇，赵之光，译 . 北京：北京科学技术出版社，2019.

［11］张鹏 . 2020 年全英羽毛球公开赛女单运动员技战术研究 [D]. 辽宁师范大学，2021.

［12］夏弋 . 不同拉伸及组合方式对田径专项学生下肢爆发力的影响研究 [D]. 四川师范大学，2022.

［13］毓盛 . 羽毛球史话 [J]. 世界博览，1994(04):43-44.

［14］杨柳 . 中国女子羽毛球服装的变迁与发展 [J]. 吉首大学学报 (社会科学版)，2013,34(S2):170-172.

［15］天堂有羽 . 月亮走我也走，场地变我也变——羽毛球鞋鞋底技术回顾与总结 [J]. 羽毛球，2017(10):92-95.

［16］李俊 . 羽毛球与乒乓球和网球项目准备活动差异性分析 [J]. 当代体育科技，2021(11):192-203.

［17］陈宏 . 常见羽毛球运动损伤及可行性恢复措施 [J]. 福建体育科技，2019(8):49-53.

［18］王鸿伟 . 常见羽毛球运动损伤及可行性恢复措施 [J]. 拳击与格斗，2021(3):120-122.

［19］"Battledore and Shuttlecock"，The Online Guide to Traditional Games. [2009-06-24].

［20］栗国军 . 浅析动态拉伸在准备活动中的作用 [J]. 田径，2020(1):99-101.

［21］李甫淳，李耀杰，宋宾 . 羽毛球运动员能量代谢特点与营养补充研究述评 [J]. 内江科技，2021(2):145-146.

［22］田浏阳 . 体育羽毛球运动中的营养补充研究——评《高级运动营养学（第 2 版）》[J]. 粮食与油脂，2022,35(1).

［23］孙伟 . 谈羽毛球运动员的营养需求 [J]. 社区医学杂志，2010,8(23):53-55.

［24］陈东波 . 青年羽毛球运动员比赛期间的运动营养问题分析 [J]. 山西青年，2019(21):187.

［25］许斌，高诚，田婷婷，等 . 羽毛球"三对三"模式的探索 [J]. 福建体育科技，2013(1):34-36.

［26］蔡赟 . 谈谈发接发的那些事儿 [N]. 羽毛球，2017.

［27］Ruki. 机器震动就能燃脂变瘦？错 ![N]. 康颐，2016.

［28］中国羽协 . 户外羽毛球：一项全新的羽毛球运动 [N]. 羽毛球，2021.